선수만이 알고있는 당구의 비법전수!

당구초짜 300 가기

정확하고 알기쉽게 꼭 필요한 내용으로 구성한 실습서!

서울시 당구연맹 선수 **김원상** 지음

OS
OSUNG

선수만이 알고있는 당구의 비법전수!

당구초짜 300가기

2015년 8월 5일   초판 1쇄 발행
2023년 8월 5일   초판 12쇄 발행

저 자 김원상
발행인 김중영
본문사진   김원상
발행처   오성출판사

주 소   서울시 영등포구 영등포동 6가 147-7
전 화   02)2635-5667~8
팩 스   02)835-5550

등 록   1973년 3월 2일 제 13-27호
정 가   22,000원

ISBN 978-89-7336-785-6
www.osungbook.com

저자와의
합의하에
인지는
생략합니다.

정확하고 알기쉽게 꼭 필요한 내용으로 구성한 실습서!

당구초짜 300가기

서문

대한당구연맹 휘하 서울연맹소속 선수의 한 사람으로서 당구를 사랑하는 당구 동호인들을 위한 훈련교육용 교재를 쓴다.

　시중에서 판매되고 있는 교본들과는 다르게 직접 당구를 쳐보면서 공부를 해야 하는 교재이다. 물론 페이지를 넘길 때마다 고수들에게 가르쳐 달라고 할 수도 있겠고 가르쳐 줄 수 있는 사람들도 많이 있겠지만 되도록이면 스스로 반복, 연습하면서 최선의 답을 선택하도록 하기 위한 교재이다. 또한, 그러한 반복으로 알아낸 방법은 머릿속에 모두 외워져 있어야 하며 몸이 습관적으로 따라가도록 연습해야 할 것이다.

　당구의 경기종류는 다양하지만 크게 캐롬, 포켓, 스누커로 나뉘고 캐롬은 4구, 3쿠션으로 나눌 수 있다. 이 중 어느 한 종목을 잘 할 수 있기 위해서는 모든 종목의 기초를 알고 구사를 할 줄 알아야 한다. 4구에서는 3쿠션과 포켓 기술을, 3쿠션에서는 4구와 포켓 기술을, 포켓에서는 4구와 3쿠션 기술을 서로 공유하면서 익혀 원하는 종목에서의 발전을 도모하여야 할 것이다.

　책을 사볼 정도로 당구를 많이 좋아하고 사랑하는 동호인들, 그리고 당구실력을 쌓고 싶은 동호인들에게 한 번 더 생각하고 반성하면서 당구를 칠 수 있도록 의미를 부여할 수 있는 교재가 되었으면 하는 바람이다. 또한 실력을 쌓는 것도 중요하지만 예의(manner)를 배우고 지키는 것도 매우 중요하므로, 겸손함을 느끼게 할 수 있는 품성훈련도 겸하기 바란다.

　당구 교본을 사서 본다는 것은 당구를 단순히 놀이수단으로 생각하지 않는다는 것이다. 조금이라도 모르는 것을 알고 싶고, 조금이라도 발전하고 싶은 생각에서 돈을 들여서 책을 사고 모르는 지식을 얻고 싶은 것이다. 그렇다면 모르는 것을 알았을 때에 빨리 받아들이고 연습해서 내 것으로 만들어야 하고, 자신이 자만하고 있다고 생각이 들면 겸손해지는 마음가짐을 가져야 한다.

눈으로 한번 보고 나서 '칠 줄 안다', '나는 저 공을 안다'라고 말하기 위한 교본이 아니라 직접 해보고 나서 다음으로 넘어가야 하는 교재임을 기억하기 바란다.

대한당구연맹 서울연맹소속

선수 김 원 상

선수만이 알고있는 당구의 비법전수! 당구초짜 300가기

차례

시작에 앞서...

당구를 배우고 싶어 하는 사람들은 너무 조바심을 낸다. 선수들은 공 하나 하나에 성공률을 높이기 위하여 많은 연구와 함께 시간과 노력을 투자하지만 동호인들은 너무 쉽고 빠르게 별 노력없이 내것으로 만들려고 한다. 선수들에게 몇 번의 시범과 말로 당구를 배울 수는 있다. 그렇지만 몇번 보고 어쩌다 한 번 성공했다고 해서 내것이 되는 것은 아니다. 선수들이 시범을 보이기 위해서는 얼마나 많은 연습을 했을까를 생각해 보자. 최소한 50%의 성공률은 될 것이다. 이렇게까지 되기 위해서는 지루하고 꾸준한 연습이 필요하고 탄탄한 기초를 다듬는 시간이 있었을 것이다. 동호인들도 이런 시간이 있기를 바라며 그런 시간을 이 책을 읽음으로써 가질 수 있기를 바란다.

01. 자신의 성격이 어떤지 정확히 알자.

내성적인지 외향적인지를 잘 알아야 할 것이다. 당구를 배우고 늘어가면서 인내심이나 꼼꼼함도 늘기는 하겠지만 성격에 따른 당구 구사 방법들은 좀처럼 바꾸기가 쉽지 않다. 바꾸라고 강요하는 사람들이 많이 있겠지만 바꾸기 전에 왜 바꾸어야 되는지를 알고 바꾸기를 바란다. 물론 주위의 고수나 선생님들이 잘 판단하고 지도해 주시리라 생각된다. 배우는 자세에 있는 사람들은 고집을 많이 버려야 할 것이다.

02. 쉽게 포기하지 말자.

연습을 하다보면 잘 안되는 부분이 있을 것이다. 포기하지 말자. 어떤 분야에도 고비는 있기 마련이다. 또한 혼자서 연습하는 것이 쉽지는 않을 것이다. 선생님들은 가르침에 있어서 연습을 방치해 두지 않도록 하자. 방치하는 것은 당구 실력 늘기를 포기하는 학생들을 배출해내는 선생님들이 가지고 있는 최고의 교만을 행동으로 표현하는 것이다.

03. 건방지고 교만하지 말자.

대부분의 동호인이나 선수들 누구에게나 실력이 늘어가면 늘어갈수록 비례적으로 교만이나 자만도 늘어간다. 벼는 익을수록 고개를 숙인다는 것을 기억하자.

04. 미치자

어떤분야이던지 간에 미치지 않으면 늘 수 없고 계속할 수 없게 된다. 금방 지루해지고 지치는 것을 느끼기 때문이다. 미치기 위해서는 자신이 흥미를 느끼는 것도 중요하겠지만 좋은 선생님을 만나서 미칠 수 있는 기회를 갖는 것이 중요하다. 또한, 선생님은 미칠 수 있는 교육 내용과 재미있는 언어구사 능력 등등의 교육안을 준비하는 것이 필요하다.

05. 외우자

당구를 잘 치는 사람은 머리가 좋다? 사실 그렇다. 암기력과 수학적 사고방식으로 문제를 해결해 나가는 부분에서는 보통 사람들 보다는 좋은것 같다. 당구는 무조건 많이 외우고 있는 사람이잘 칠 수 밖에 없다. 수학적인 사고에 의해 얻게된 결과들을 모두 외우도록 하자. 그래야만 원인 분석이 되기 때문이다.

06. 계산법(System)은 검산하는 정도로만 사용하자.

흔히들 동호인들 중에는 계산법을 맹신하는 사람들이 많이 있다. 모든 공의 배치를 포인트 계산법을 통해 결과를 찾고 구사 하려고 한다. 이런 식의 당구는 한계가 있다. 응용력도 부족하고 난구(難球)를 해결하는 능력도 떨어지게 된다. 또한 계산은 잘한 것 같은데 성공이나 실전에서 득점이 되지 않으면 습관적으로 당구대 상태나 공의 상태 등을 핑계로 내세운다. 이럴 거면 당구를 그만 치는 것이 좋다. 수학공식처럼 답을 산출해 내는 계산법으로는 당구가 늘어가는 것이 아니라 그 계산법에 의해서 당구를 포기하게 되는 계기가 될지도 모른다. '이렇게 치면 될 것 같다'라고 생각이 들면 그렇게 시도하고 수정하면서 결과를 외우면서 실력을 쌓아가도록 해야 할 것이다.

07. 운동은 필수다.

당구는 큐를 잡고 서있기만 하면 되는 운동이 아니다. 하루에 4km이상의 Running 과 하체와 상체의 균형있는 근력 운동(Weight-Training), 강한 허리 힘을 길러 주는 운동은 필수이다. 혹자들은 '집중력은 체력과는 상관없다. 오로지 정신력이 약해서 집중력이 떨어지는 것이다'라고, 절대로 그렇지 않다. 몸이 견딜 수 있어야 집중력 도 따라서 발휘를 하는 것이다. 실제로 당구선수들도 등산이나 헬스클럽을 이용하 면서 강도 높은 훈련을 하는 선수들이 많이 있다.

08. 당구는 한 사람에게 배워라.

배우는 사람의 입장에서는 지나가면서 한마디씩 던지고 가는 모든 말들이 정답인 것처럼 생각된다. 배우는 사람에게 스승이라고 생각하는 사람은 한명이면 된다. 다 른 사람들은 기술적인 부분을 코치해 주는 기술 강사일 뿐이다. 그런 말들에 현혹이 되면 어떤 것이 바람직한 방법인지 모르게 되고 지금까지 나를 잘지도해주던 스승 을 무능력한 바보로 생각 할 수도있다. 기초를 잘 다져주는 스승이야말로 최고의 스 승이다. 그런 사람은 한 명이면 된다. 사공이 많으면 배가 하늘로 올라가는 법이다.

09. 당구는 스포츠다.

당구는 오락이 아니다. 내기를 위한 수단으로만 이용되지 않기를 바란다. 당구는 학문이고 운동이다. 도구를 이용한 승부경기이고 예의를 지켜야 하는 매너 스포츠 이다. 당구의 역사, 도구와 용품에 대한 지식, 좋아하는 선수들의 프로파일들을 기 억하고 공부하도록 한다. 또한 이론을 거쳐 실전연습을 할 때에도 메모하는 습관으 로 암기능력을 도울 수 있도록 하며 꾸준한 운동을 통해 내 실력을 최대한 발휘할 수 있도록 하자.

10. 과거에 얽매이지 말자. 과거는 과거일 뿐이다.

'옛날에는 이렇게 쳤는데...', '예전에는 20~30개씩도 쳤는데 지금은 안되네...' 이 런 말들은 남들에게 무시당하지 않기 위한 변명의 말들이다. 당구를 연습하고 연구 하는 것은 앞으로의 실력을 늘리기 위함이지 과거의 실력을 자랑하기 위함은 아닌 것이다. 예전에 어떠했다고 스스로를 동정하지 말자. 그럴수록 내가 초라해지고 부 정적인 사고들로 꽉 차게 된다. 세상의 어떤 짐승 들도 자신을 동정하는 짐승은 없 다. 오직 사람만이 그러려고 한다.

11. 왜?라는 의문을 가져라.

당구는 수학이나 삼각함수, 미분, 적분, 삼각도형 측량법 등을 잘한다고 잘 치는 것이 아니다. 기초적인 연산을 통해 만들어진 공식들을 적절하게 대응시켜서 답을 얻어내는 수학적 사고가 당구를 잘칠 수 있는 것이다. '왜?'라는 의문을 달고 있어야만 생각을 하게 될 것이고 나름대로 답을 찾는 능력이 생기면서 문제가 해결될 것이다. 그리고 나서도 찾아낸 이 방법이 최선인지 아닌지 자신이 없을 때에는 고수들이나 선생님께 묻도록 하자. 질문을 할 때에는 내가 노력한 과정을 다 보여드리면서 질문을 하도록 하자. 노력도 하지 않고 빼먹기만 하려는 사람에게는 뱉어 주기도 싫은 것이다.

나는 이 책을 읽고, 보고, 연습을 하도록 하기 위해서 준비했다. 그냥 한 번 읽고 실력이 늘기를 바란다면 어떠한 교본이나 교재도 보아서는 안 될 것이다. 보는 눈만 있고 실제로 시도해 보면 성공률은 없기 때문이다. 많이 연습하고 생각하는 사람에게는 자신도 모르게 엄청난 실력이 쌓여 있음을 알게 될 것이다.

당구의 기원

BC 400년 경에 그리스에서 옥외 스포츠로서 당구의 원형(原型)이 실시되었다고 한다. 현대식 당구의 기원은 영국 기원설과 프랑스 기원설이 있다. 14~15세기에 걸쳐 고안되었다고 전해지며, 처음에는 크리켓을 닮은 옥외 스포츠가 실내경기로 개량되어 유럽각지에서 발달하였다는 것이 일치된 정설(定說)로 되어있다. 근대 당구는 기구의 발명과 개량에 따라 발전되었다. 영국인 잭커에 의한 쵸크(chalk)와 프랑스인 맹고에 의한 팁(tip)의 발명으로 당구발전의 계기가 되었다.

미국에는 1820년에 포켓테이블이 도입되었는데 1860년에 프랑스의 베르게가 도미하여 유럽식 경기를 퍼트려 당시 포켓경기 일변도였던 미국에서 캐럼(carom) 경기가 보급되었다.

우리나라에는 1912년 순종이 창덕궁에 옥돌 당구대 두 대를 설치하여 즐겼던 것이 시초이고 최초의 한국인 당구장은 1924년 '무궁헌'이다.

당구의 장비

01. 당구대(Table)

수평을 유지하는 대리석 평판(슬레이트)을 나무로 만든 대위에 올려놓고 라사(羅紗)로 덮은 뒤 고무쿠션을 붙인 바깥 테두리로 막는다(쿠션도 라사로 싼다). 당구대의 크기는 종목마다 조금씩 다르다.

4구 당구대	2460.0mm × 1230.0mm
3구, 빠뜨리브레 당구대(국제식 대대)	2844.8mm × 1422.4mm
3구, 빠뜨리브레 당구대(국제식 중대)	2544.8mm × 1272.4mm
포켓(9Ball, 8Ball 등…) 당구대	2540.0mm × 1270.0mm
스누커, 잉글리시 빌리아드 당구대	3660.0mm × 1830.0mm

02. 당구공(Ball)

예전에는 양질의 상아로 만들었으나 지금은 합성수지로 만든다.

4 구용 당구공	지름 65.5mm
3 쿠션용 당구공	지름 61.5mm
포켓용 당구공	지름 57.3mm
스누커용 당구공	지름 52.2mm

03. 큐(Cue)

공을 치는 막대로서 2~3단 분리가 되며, 단풍나무 등의 밀도가 높은 양질의 나무를 사용한다. 가격대는 15만원부터 1000만원 정도까지 다양하다. 당구를 배우기 시작하는 사람들이나 당구를 좋아하는 많은 동호인들이 개인 큐를 구입한다.

큐는 하대의 제작방식에 따라서 하기(접합)공법의 큐와 인레이(상감)공법의 큐, 이 두 가지로 나뉘는데 서로 장단점이 있으므로 선들이나 큐 제작 전문가들과의 상담을 통하여 선택하고 구입하기 바란다. 다양한 디자인의 큐를 사진으로 소개한다.

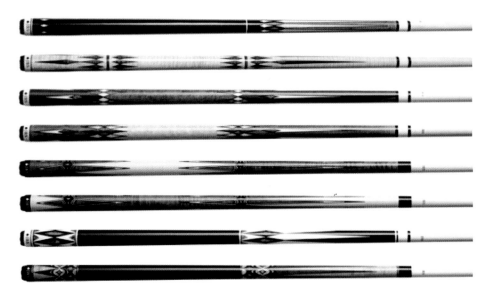

자료제공: 유니버설 코리아 https://www.universal-kor.co.kr

04. 쵸크(Chalk)

영국인 잭커가 발명하였고 화산재(火山灰)를 주 재료로 굳힌 것으로 타구시 마찰력을 높여 실타를 예방하기 위해 사용한다. 제조 회사마다 가공방법에 따라 입자의 크기나 응착(凝着)력이 다르므로 취향에 맞게 골라 쓰도록 한다.

05. 팁(Tip)

프랑스의 맹고가 발명하였다. 가죽 재질로서 큐 끝에 붙여 공이 부딪힐 때의 충격을 완화시켜 큐와 공을 보호하며, 탄력이 있어 공의 구름을 도와준다. 500원 정도부터 20,000원 정도까지 다양 하며 선수들은 보통 10,000원 정도의 고가품을 사용하지만 요즘은 저렴하면서도 성능도 뒤떨어지지 않는 많은 제품들이 선을 보 이고 있다.

> **NOTE**
>
> 앞에서 말한 용구들 이외에도 팁을 광내주는 가죽판, 휴대용 줄, 사포, 스카치 브라이트, 큐 왁스, 장갑 등 다양한 용품들이 많이 있다. 가까운 당구 재료상에 들려보면 좋은 견학이 될 것이다.

예의(Manner)

당구를 즐기는 동호인이나 모든 선수들의 당구에 대한 예의는 각별하다. 우리나라의 21C
에 들어선 당구는 불량배들의 전유물이 아닌 건전스포츠로 자리 잡았기에 이에 따라 예의
도 엄청나게 깔끔해진 것은 사실이지만 여전히 일부 동호인들의 당구에 대한 인식은 돈내
기와 오락수단의 일부분일 것이다. 이런 당구에 대한 생각은 직업이 당구가 아닌 동호인
들에게는 당연한 것이겠지만 조금만 더 예의를 지켜가면서 즐긴다면 당구실력의 향상과
더불어 체력과 정신집중력, 인내심을 발전시킬 수 있는 스포츠로 자리를 잡을 수 있으리
라 생각한다.

01. **당구장 내에서는 절대 금연을 하도록 한다.**

남녀노소가 모두 즐기는 스포츠가 되려면 당구장 내에서는 절대 금연을 하도록 해
야 한다. 경기 중이 아니라 쉬는 시간이라도 남들에게 피해를 주지 않기 위해서는
장내 금연을 하도록 한다.

02. **손에 파우더를 바르지 않도록 하자.**

파우더는 손을 잠깐 동안은 부드럽게 해주지만 당구대에 묻거나 떨어지면 공의 원
활한 진행을 방해한다. 파우더대신 장갑을 사용하던지 손을 비누로 씻고 잘 말린
후 '꽉' 짠 물수건으로 큐 상대를 닦아주고 마른 다음에 만져보면 파우더보다 훨씬
부드러울 것이다.

03. 쵸크는 솔질하듯이 바른다.

쵸크를 한 손으로 바르면 손안에 가루가 떨어져 손이 더러워지게 되고 큐와 당구대를 지저분하게 만든다. 한 손으로 큐를 잡고 반대 손으로 솔질하듯이 바르자. 훨씬 차분한 경기를 할 수 있을 것이다.

04. 쵸크를 바른 후 당구대에 치지 말자.

애써바른 쵸크를 당구대를 쳐서 떨어버리는 경우를 많이 본다. 쵸크가 너무 두껍게 발라져 미스 큐가 나는 경우도 있다. 이때는 손바닥에 살짝 한 번 치는 정도면 충분하다. 당구대에 치게 되면 큐가 움푹하게 들어가서 큐를 상하게 한다. 또한, 당구가 안 맞았다고 해서 큐를 당구대에 던진다던가 바닥에 팽개치는 행동은 하지 말아야 한다. 당구장에 비치된 큐나 당구대는 공동의 것이 아니라 당구장 주인 것이고, 그것을 빌려 쓰는 것임을 잊지 말아야 한다. 개인 큐가 없는 사람들을 위하여 당구를 즐길 수 있도록 준비해 놓은 남의 물건을 던지고 일부러 떨어뜨린다면 누가 좋아하겠는가?

05. 과한 몸동작은 피하자.

가벼운 몸동작은 관중이나 상대선수를 즐겁게 할 수 있다. 하지만 과하면 옆 손님과 관중을 불쾌하게 한다.

06. 욕설과 음란한 대화로 당구를 스포츠가 아닌 오락으로 전락시키지 말자.

이런 대화가 순간 즐겁거나 스트레스를 풀어줄 수는 있을지도 모르지만 가족과 같이 즐길 때에도 그럴 수 있겠는가? 사실 선수들도 이런 대화나 단어들을 가끔 사용하기도 한다. 혼자서 기분은 나아질 수는 있겠지만 나로 인해 당구와 당구장이라는 곳의 이미지가 실추될 수 있음을 기억하자.

07. 음주 당구는 가급적 피하도록 하자.

가벼운 음주 또한 당구경기를 즐겁게 할 수 있고 대인관계도 원만하게 만들어준다. 하지만 몸도 못가눌 정도의 음주 후 당구는 폭력과 욕설로 인하여 자신을 추하게 만들 수 있다.

08. 주위사람을 불편하게 하는 고함을 조심하자.

당구는 실내 스포츠이고, 정적 스포츠이다. 열심히 집중하는 동호인들에게는 약간의 잡음도 피해를 줄 수 있다. 어떤 사람은 야외 운동장으로 착각하는 것 같기도 하다. 서로 즐겁고자 하는 것인 만큼 조금만 주의해 주기 바란다.

09. 하수에게 예의를 갖추도록 하자.

개구리 올챙이적 생각 못한다는 말이 잘 표현해주듯이 실력이 늘었다고 하수를 무시하는 사람들이 많이 있다. 당구를 잘 못치면 경기가 끝나고 나서 조용히 가르쳐주자. 인간적으로 무시하거나 주눅이 들게 한다면 당구의 고수에 대한 느낌뿐만 아니라 사람이 싫어질 수도 있다. 이렇게 자신을 높이지 않는 고수에게는 하수들이 저절로 예의를 갖추어줄 것이다.

10. 하수는 최대한 공격적인 내용으로 고수를 힘들게 하라.

고수를 이기기 위하여 수비를 위주로 당구를 치게 되면 고수는 솔직하게 말해서 많이 화가 날 것이다. 이런 경기를 한다면 고점자가 순순히 당해 주겠는가? 수비를 더 열심히 할 것이다. 또, 난구(難球)는 누가 더 잘 해결하겠는가? 수비도 필요하고 할 줄 알아야 하겠지만 경기는 수비를 잘하는 사람이 이기는 것이 아니라 득점을 해서 먼저 끝내는 사람이 이기는 것이다.

11. 여유 있는 경기를 하자.

본인이 빨리치고 싶어서 옆 테이블 사람이 자세를 취하고 있는데 바짝 붙어 서서 불안하게 하는 경우를 너무도 많이 보아왔다. 오래지않은 시간, 불과 몇초에서 10여 초를 못참고 자세를 취하고 타석에 있는 사람을 불안하게 한다면 서로 불쾌해질 것이다. 입장을 바꿔서 내가 타석에 있을 때 옆 테이블 사람이 나에게 불안감을 주어서 대충치고 물러나온 경험들이 있을 것이다. 한 발짝 멀리서 기다렸다가 여유 있게 치는 습관을 들이자. 바로 득점으로 연결 될 것이다.

12. 연습을 방해하지 말자.

당구실력이 향상되기 위해 연습하는 시간만큼 중요한 시간은 없다. 많은 시행착오를 거쳐 배워나가는 것이 기억에 오래 남기 때문이다. 본인이 생각할 때 연습하고 있는 사람이 답답해서 가르쳐 주고 싶어도 나에게 가르쳐 달라고 하기 전에는 시행착오를 경험하도록 시간을 주어야 한다.

13. 자신만의 큐를 장만하자.

볼링, 골프, 탁구, 테니스 등 어떤 운동을 해도 자신의 라켓이나 클럽, 마이 볼을 장만한다. 당구라는 경기를 조금 더 열심히 조금 더 잘치고 싶다면 가격이 싸더라도 개인큐 한 자루는 있어야 할 것이다. '당구를 얼마나 잘 치려고 큐까지 장만을 하나!'라고 생각할 수 있지만 큐를 장만하면 꼭 실력이 늘어서가 아니라 내 큐를 잡는 순간 경기에 임하는 마음가짐부터 달라지기 때문이다. 당구장의 영업용 큐가 맘에 안 든다고 기분 나빠 하지 말고 나만이 쓰는 큐를 준비하자. 말 그대로 영업용 큐는 영업을 하기 위한 큐이다. 모든 사람들의 마음에 들 수는 없는 것이다.

기본자세

많은 교본에 나와 있는 기초, Address, Aiming 등의 자세들은 가장 표본이 되는 자세이지만 사람들 모두가 이런 자세가 되지는 않는다. 그렇다고 기본을 못하면서 변칙적인 자세를 익히면 안 될 것이다. 힘이 들더라도 기본자세가 가장 먼저 익숙해져야 할 자세이다. 그런 다음에 공의 배치, 신장, 신체조건, 종목에 따라 변형되는 자세를 익혀야 할 것이다. 글로써 자세를 설명한다는 것이 어렵기는 하지만 도움이 되리라 생각된다.

발 놓는 위치(오른손잡이)

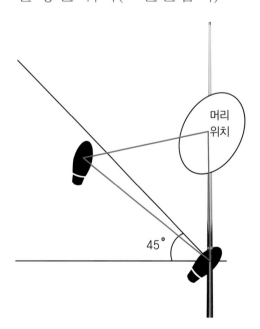

❶ 큐를 겨누고자 하는 방향으로 당구대에 걸쳐 잡고 오른발 등이 큐선의 수직아래에 위치하도록 오른발을 놓는다.

❷ 왼발을 어깨넓이로 벌리면서 편안하게 선다. 이때 45도 선을 넘지 않도록한다.

❸ 허리를 자연스럽게 인사하듯이 숙이면 얼굴이 큐위에 위치한다.

❹ 자연스럽게 왼팔을 들어 Bridge를 잡고 시선은 큐 끝을 바라본다.

자세를 취할 때에 왼발을 놓는 위치는 공이 어떤 배치에 놓이느냐에 따라서 조금씩 달라질 수 있고, 당구의 종목에 따라서도 다양하게 바뀔 수 있다. 가장 기본적인 왼발의 위치는 45도 선을 넘지 않도록 하고, 양 다리에 체중을 50 대 50으로 분산되도록 서는 것이 바람직하다. 왼발이 45도 선을 넘으면 그만큼 척추가 왼쪽으로 휘는 자세를 취하게 되고 그에 따라서 목도 왼쪽으로 꺾이게 되므로 척추측만증과 목 디스크를 유발시킬수 있다. 몸의 이상뿐아니라 시야도 좁아지므로 왼발이 45도 선을 넘지 않도록 자세를 취하는 것이 바람직하다.

왼발 놓는 위치(오른손잡이)

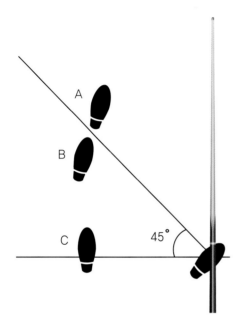

Ⓐ 당구대에 몸의 오른쪽을 붙이면서 쳐야할 때 또는, 빠른 배팅이 필요할 때 취하는 자세로 왼 무릎을 구부리는 정도에 따라 체중이 왼쪽다리에 70%이상 실린다.

Ⓑ 기본자세에서 가슴이 큐가 겨누는 방향으로 약간 열리는 자세로 강한 배팅보다는 보통 빠르기로 구사할 때 취한다. 왼쪽 무릎의 구부리는 정도에 따라 왼쪽 다리에 60% 또는 50%의 체중이 실린다.

Ⓒ 포켓경기에서 많이 취하는 자세로 오른쪽 다리에 60%이상의 체중이 실린다. 4구나 3쿠션 경기에서는 배팅이 별로 필요하지 않고 두께를 정확하게 구사해야 하는 배치에서 취하는 자세이다.

상황에 따라서 여러 자세를 자연스럽게 구사를 하여야 하고, 그러기 위해서 기본자세를 완벽할 정도로 익혀야 한다.

등과 허리

곧게 펴서 당구대에 큐걸이 손을 편안하게 올릴 수 있는 각도까지 숙인다.

큐걸이(Bridge)

표준 브릿지(Standard Bridge)와 여러 상황에 따른 브릿지를 소개하겠다. 표준 브릿지는 먼저 손가락을 벌려 곧게 편 뒤에 중지를 손바닥방향으로 끌어당긴다. 그 상태로 테이블 바닥에 손을 내려 놓고, 중지의 두 번째 뼈마디에 엄지의 지문을 데면 엄지와 검지 사이에 공간이 생긴다. 그 공간에 큐를 넣고 검지를 구부려 자연스럽게 막아준다.

● Standard Bridge

● 변형 Bridge 1

● 변형 Bridge 2

● Rail Bridge 1

● Rail Bridge 2

● Rail Bridge 3

● Open Bridge

● 장애물 Bridge

● Masse Bridge

● Free Hand Masse Bridge

하지 말아야 할 Bridge

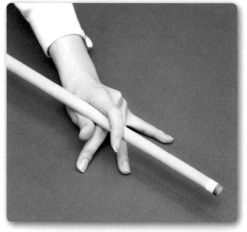

검지를 오므려 큐를 감싸지 않고 큐가 좌우로 움직일 공간을 만들어 놓는 것은 매우 안좋은 방법으로 만약에 빠른 샷을 시도할 경우에는 순간 충격으로 인해 큐가 손가락에서 빠져 나가는 경우가 많이 있다. 이럴 경우 당점도 놓칠 경우가 많아서 실수로 이어진다.

테이블 바닥에서 손바닥을 띄고 중지, 약지, 새끼로만 Bridge를 형성하는 동호인을 많이 보았다. Bridge는 큐가 안정감있게 왕복운동을 할 수 있도록 하기 위한 받침대이기 때문에 장애물이 있는 경우가 아니라면 최대한으로 안전하고 단단하게 버텨주도록 해야 할 것이다.

Rail Bridge 경우 큐를 Rail에 붙이지 않고 Standard Bridge를 그대로 Rail에 얹고 Shot을 하는 경우가 많다. 이럴 경우 큐가 위에서 아래로 내리 찍히면서 수구의 진행이 변화가 생긴다. 고의적으로 해야 할 경우가 아니라면 최대한으로 수평을 유지하도록 한다.

그립법(Grip)

큐를 잡는 부위나 잡는 부분에 끼우는 고무를 그립이라고 한다. 브릿지에서 큐를 15cm ~ 20cm정도를 내민 상태에서 반댓손은 큐와 팔뚝이 90도 정도 되는 위치를 잡는다.

　이때, 큐는 계란을 감싸듯이 자연스럽게 쥐도록 한다. 하지만 이 그립 법으로 고정되어서 샷(Shot)을 한다면 큐가 오르락 내리락 하면서 잘되지 않을 것이다. Stroke 연습방법을 설명하면서 팔꿈치와 손가락의 움직임에 대 하여 추가로 설명하기로 하겠다.

공 배치에 따른 자세

당구를 한 가지 자세로만 즐길 수 있다면 얼마나 좋을까! 실제로 당구대는 사람의 키나 팔 길이 보다 크고 넓기때문에 한 가지 자세로 모든 배치의 공을 소화하기란 불가능하다. 또 한 수구 와 목적구와의 거리, 샷의 효과, 수구의 이동거리, 당점의 효과 등 여러 이유에 따라서 큐 스피드가 다양하게 구사되어야 하고, 이런 큐 스피드의 다양한 구사와 수구의 안 정된 진행을 위해서는 공 배치마다 이에 합당한 브릿지의 거리와 자세가 조율되어야 한 다. 4구 자세와 3쿠션 자세는 많은 차이가 없으나 포켓 종목과는 많이 다르므로 크게 분류 하여 몇 가지를 설명해 본다.

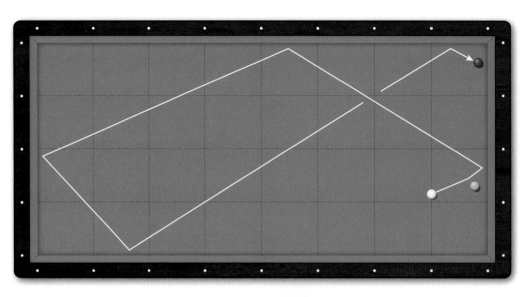

● Back-Hand Standing

대부분의 선수들은 왼손과 오른손을 다 사용한다. 하지만 주로 사용하는 손보다 반댓손을 사용하면서 정확성을 떨어뜨릴 때가 있다. 수구와의 거리가 멀지만 않다면 큐를 등 뒤로 돌려잡고 주된 손으로 치는 방법이 효과적일 수 있다.

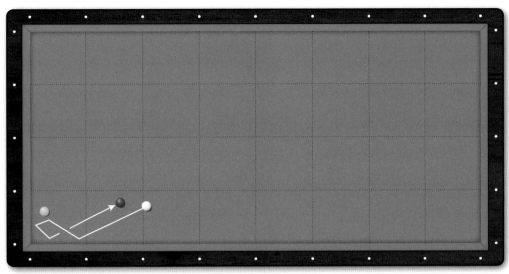

● Twist Standing

왼손잡이라면 그다지 어렵지 않은 위치일 것이다. 하지만 오른손잡이에게는 그냥 엎드리기엔 쉽지 않은 배치이다.

당구대 위에 한쪽다리를 올려 걸터앉은 상태에서 몸을 틀어서 그림과 같이 겨냥해 보자. 안정된 Stroke자세가 잡힐 것이다.

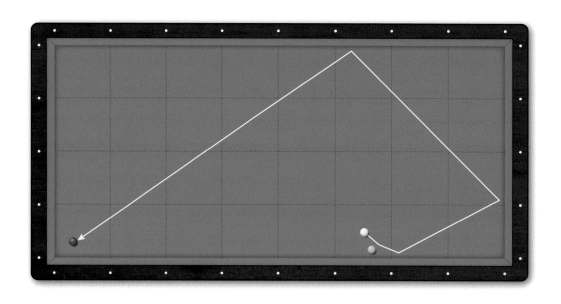

● One-Step Standing 1

    Twist 자세로 하여도 무리는 없어 보이지만 두께를 좀 더 정확하게 바라보기 위하여 한 발로 서는 자세를 하고 있다. 발로 서있기는 하지만 몸을 당구대에 기대어 체중을 분산시키고 있으므로 굉장히 편안한 자세이다. 여자들은 한쪽 다리를 드는 것이 멋쩍을 수도 있지만 창피한 것보다는 득점이 우선이다.

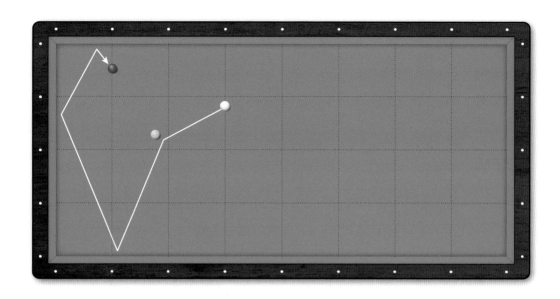

● One-Step Standing 2

　앞의 One-Step Standing 1의 자세와 많이 다르지 않다. 하지만 왼손잡이가 왼다리를, 오른손잡이가 오른다리를 디딤발로 사용한 다는 것이 Shot하기가 불편하여 어색할 것이다. 그래도 반댓손보다는 정확한 두께를 맞힐 수 있으리라 생각된다.

자세를 몸에 익힐 때 근육이 뻐근하거나 아픈 것은 당연하다. 사용하지 않던 근육이나 힘줄에 힘이 붙어가는 과정이기 때문이다. 하지만 Bridge를 하는 팔의 어깨, 또는 한쪽 골반, 무릎 등의 관절이 아프다는 것은 자세를 잘못 취하고 있다는 것이다. 편안하고 안정되어 보이는 자세를 익히도록 노력하고 연습하도록 해야 한다. 모든 운동은 자세가 60%이상 실력으로 나타난다.

Stroke 연습 방법

● 기본 자세

● 큐를 내밀었을 때

① 실제로 수구가 15cm~20cm거리에 있는 것처럼 생각하고 연습한다.

② Stroke는 준비 stroke과 실 stroke으로 나뉜다. 수구 바로 앞에서 큐를 검지까지 당겨 다시 수구의 바로 앞까지 내미는 준비 stroke을 3번하고 나서 그 리듬으로 4번째는 실제로 공을 치는 것처럼 길게 뻗는 실 stroke을 1번 하는 것을 1회로 한다.

③ 연습을 시작했을 때에 위와 같은 반복동작을 최소 100회로 하고, 점점 몸에 근육과 힘줄이 발달이 되어서 100회가 익숙해지면 50회씩 늘리면서 한번 엎드렸을 때 300회를 힘들지 않게 해낼 수 있도록 반복 연습한다.

④ 연습을 시작하면 마음먹은 횟수를 채울 때까지는 일어나지 않도록 한다(3일 정도는 많이 힘들 것이다).

❺ 4일째부터는 세트연습을 한다(ex. 100, 200, 100, 200 또는 150, 250, 100). 이런 식으로 나누어 하루에 500~600회 정도는 반드시 하도록 한다.

❻ 1주일 후에는 연습한 stroke으로 공을 하나만 놓고 실제로 샷(shot)을 한다(1일 100~200회).

❼ 아무것도 배운 것이 없는 것 같아도 빠르면 10일 늦으면 2주 후에는 노력여하에 따라서 자신의 수지가 100점에서 200점은 향상되었을 것이다. 실 stroke을 하기 위해 큐를 뒤로 당겼을 때의 중지, 약지, 소지는 느슨하게 풀어주어야 한다. 꽉 움켜쥔다면 큐의 뒷부분이 번쩍 들려 올라가기 때문이다. 뒤로 당길 때나 길게 뻗었을 때나 큐가 수평으로 유지하도록 연습하도록 한다.

큐의 왕복에 따른 그립법

실 stroke을 하기 위해 큐를 뒤로 당겼을 때의 중지, 약지, 소지는 느슨하게 풀어주어야 한다. 꽉 움켜 쥔다면 큐의 뒷 부분이 번쩍 들려 올라가기 때문이다. 뒤로 당길 때나 길게 뻗었을 때나 큐가 수평으로 유지되도록 연습한다.

● **뒤로 당겼을 때**

수구를 맞히기 직전에는 기본 그립법의 모양이 되어 있어야 하고 이때, 손목에 힘이 들어가지 않도록 유의한다. 큐를 꽉 움켜 쥐면서 손목이 안이나 바깥쪽으로 꺽이지 않아야 한다.

● **수구를 맞추기 직전**

수구를 길게 밀어낸후 정지동작에서 보면 큐의 수평을 유지하기 위해 팔꿈치가 내려간 것을 볼 수있다. 또한 팔꿈치의 하강으로 인해 손의 엄지, 검지, 중지가 느슨하게 풀어져 있음을 주의 깊게 관찰하자. 만약 꼭 쥔다면 큐의 끝이 하늘로 올라갈 것이다.

● 길게 뻗었을 때

병 연습

꼭 병이 아니어도 상관은 없지만 구멍이 작고 무게가 있으며 쉽게 움직이지도 않아서 좋은 연습재료가 된다. 당점높이에 따라서 알맞은 병을 선택하도록 하자.

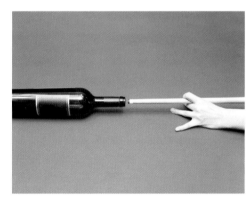

와인병을 놓고 연습하는 모습이다. 병 입구의 위치가 실제로 공이 있다고 생각하고 3~4번의 준비 Stroke을 하면서 그 리듬을 그대로 유지하면서 실 Stroke으로 이어간다.

● 준비 Stroke

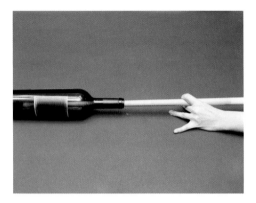

준비 stroke이 빠른 리듬으로 진행되었 다면 실stroke도 빠르게 하여야 하고, 준비 Stroke이 느린 리듬으로 진행되었다면 실 stroke도 느리게 하도록 한다. 같은 리듬으로 진행되지 않으면 공을 밀어놓는 효과가 아니라 때리는 효과를 낼 것이다.

● 실 Stroke

공을 때리는 stroke을 할 것이라면 준비 stroke이 필요 없을 것이다. 뒤로 갈수록 이런 stroke을 하지 않으면 구사할 수 없는 문제들도 많이 제공할 것이다.

> **NOTE**
>
> 예전에는 stroke을 가르쳐 줄 때 시계추처럼 덜렁거리면서 준비동작을 하라고 많은 사람들이 그렇게 가르쳐 왔다. 하지만 지금은 수구의 이동거리나 회전력의 극대화, 목적구의 이동거리 제어를 위해 한층 발전된 stroke을 하지 않을 수 없다. 앞에서 소개한 연습방법으로 길게 뻗는 Stroke을 익혀 놓는다면 많은 발전이 있을 것이다.

두께 맞히는 법

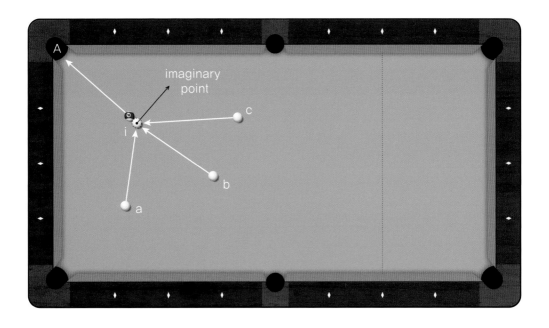

수구를 원하는 곳으로 보낼 수 있는 실력이 어느 정도 쌓이게 되면 수구가 목적구를 맞혔을 때 목적구가 어디로 진행하는지를 예측할 수 있어야 한다. 이런 예측능력은 4구에서는 모아치기, 3 쿠션에서는 키스피하기, 포지션 플레이, 수비(safety), 포켓에서는 득점과 포지션 플레이, 수비에 반드시 적용이 되므로 많은 연습이 필요하다. 목적구를 A의 포켓에 넣기 위해서는 반드시 포켓의 반대 방향에서 힘을 전달받아야 한다. 목적구는 수구와 목적구의 구심점을 연결한 방향으로 진행하므로 위 그림에서 목적구를 A포켓에 넣기 위한 수구의 최종 위치는 i 위치가 되며 i 위치에 도착하는 가상의 공을 이미지 볼(Image-Ball), 이미지 볼이 위치하는 구심점을 이미지너리 포인트(Imaginary-Point)라고 한다. 수구가 a, b, c의 어느 위치에 있어도 i 위치에 도착이 되면 목적구는 코너 포켓에 들어감을 알 수 있다. 처음에는 이미지 볼이나 이미지너리 포인트를 찾기가 어려울 것이다. 실제로 이미지 볼 위치에 공을 놓아두고 수구로 놓인 공 중앙을 맞히는 연습부터 하도록 한다. 모든 당구는 두께가 먼저 결정되어야 한다. 그 다음이 당점이다. 대부분의 동호인들은 당점을 먼저 결정하고 나중에 두께를 조절한다. 이러면 1점 득점을 할 수 있을지 모르지만 포지션 플레이는 아예 할 생각이 없다는 것이다. 상대방이 공을 잘 세워주거나, 운이 좋아서 쉬운 배열들이 서지 않는다면 항상 답답한 경기만을 하게 될 것이다. 처음 단계에서는 두

께가 몇 분의 몇으로 맞는지 신경을 쓰는 것보다 이미지 볼을 찾고 그 위치에 수구를 정확하게 보내는데에 집중을 하면서 연습을 하길 바란다.

● In the hole 연습 1

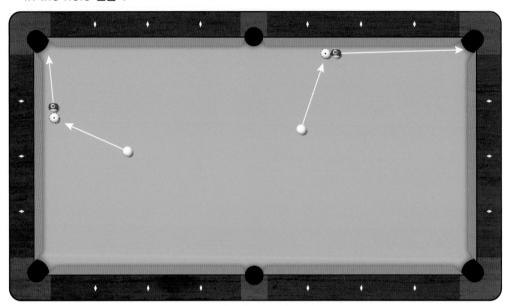

● In the hole 연습 2

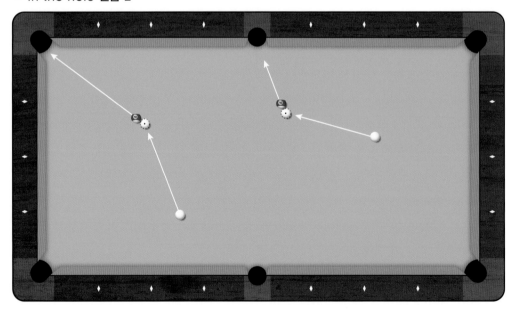

● In the hole 연습 3

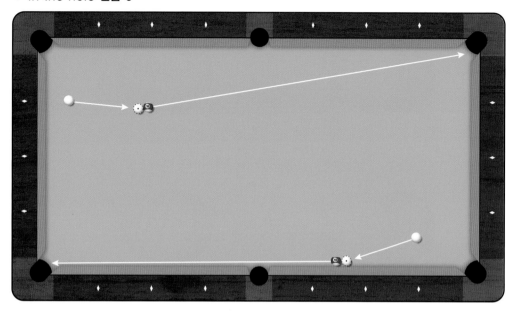

● In the hole 연습 4

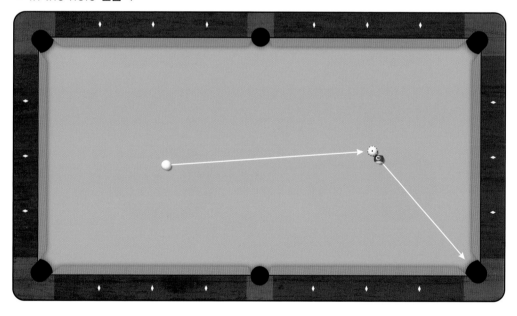

　가까운 거리가 조금씩 익숙해지고 성공률이 높아졌다면 이제는 먼 거리를 성공시켜 보자. 기초 단계에서는 무회전으로 시도하는 것이 수구를 원하는 곳에 보내기가 수월하므로 좌, 우 회전을 사용하지 않도록 한다.

두께 나누기

1/2

2/3

1/3

3/4

1/4

2/5

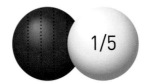

1/5

3/5

4/5

1/10

두께 조준 연습

당구에서 구력이라는 것은 무엇을 얘기하는 것일까? 단순히 당구를 쳐온 시간만을 얘기한다면 나이가 많으면 많을수록 잘 쳐야만 할 것이다. 수구와 목적구의 속도조절 능력, 선구안, 당점구사능력, 경기운영 능력 등 정말 많은 것들을 축적시키기 위한 소요시간을 구력이라고 해야 올바를 것이다. 필자뿐만 아니라 많은 당구의 고수나 선수들, 강사들은 동호인들의 경기 모습을 보면서 선수들과 다른 점이 무엇일까? 또, 어떤 단어와 어떤 방법으로 설명을 해야 이해를 시킬 수 있을까?하는 부분을 많이 고민한다. 필자는 이 책에서 기초라고 생각하지만 소홀하게 생각하는 한 가지를 설명하고자 한다. Stroke 연습이 어느 정도 되어 수구를 원하는 방향으로 보낼 수 있을 실력이 쌓이면 좌, 우로 수구에 회전(english)을 주는 연습을 하여야 한다. 대부분의 동호인들이 이 과정을 소홀하게 생각하는데 매우 중요하고 경기 중에 실수를 하는 가장 큰 부분이다. 좌, 우의 회전이 없이 No-english로 구사를 할 때에는 큐의 겨냥 선과 수구의 진행방향이 같을 것이다. 하지만 왼쪽이나 오른쪽으로 회전을 부여할 때에는 큐의 겨냥선과 수구의 진행방향이 달라 진다는 것을 느끼게 될 것이다. 만약, 수구에 회전이 없을 때(No-english)에 큐의 겨냥을 수구의 진행방향과 일치시킨다면 바르게 진행되지만 회전이 들어갔을 때에는 회전의 반대방향으로 약간 삐뚤어지게 진행할 것이다. 이러한 현상을 로버트 바이른(Robert Byrun)은 스쿼트(squirt)라고 칭했는데, 수구와 제1목적구와의 거리, 수구의 속도, 회전의 정도, 라사지의 상태에 따라 그 변화되는 정도가 틀리다. 이러한 현상을 감안하여 제1목적구의 두께를 원하는 만큼 맞히는 것은 어떠한 계산법이나 규칙이 없으며 오로지 많이 쳐보면서 감각(感覺)만으로 두께를 맞혀야만 하기 때문에 개인의 실력차이가 나는 것은 당연하고 많은 연습이 필요한 것이다. 두께를 맞히는 연습은 포켓경기에서 가장 많은 효과를 볼 수 있고 기초라고는 하지만 굉장히 어려운 기술이기도 하다.

그러면 이 스쿼트 현상은 왜 일어나는 것인지를 알아보자.

스쿼트(Squirt) 현상

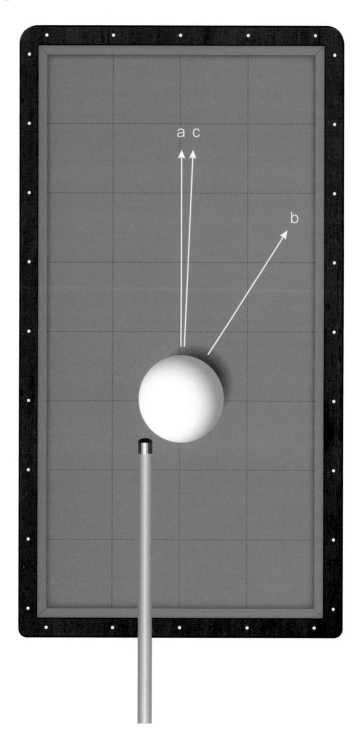

스로(Throw) 현상

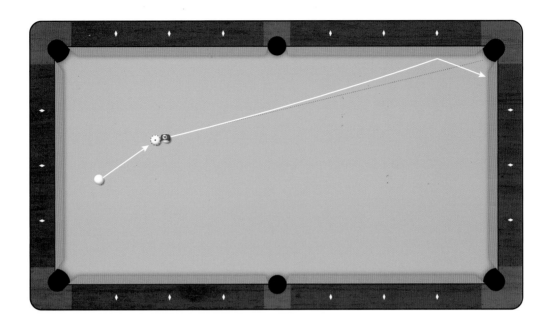

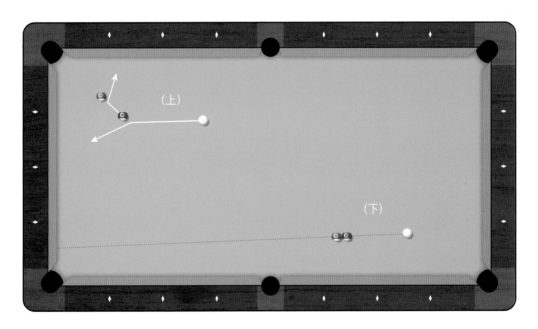

수구에 왼쪽회전력을 넣었을 때의 큐와 수구가 맞는 순간의 그림을 그려보았다. 수구는 큐의 겨냥방향에 의해 A로 진행하려 하지만 당점에 의해 B방향으로도 약한 힘을 받게 된다. 따라서 A방향으로 진행하려고도 하고 B방향으로도 진행하려고 하면서 C방향으로 진행을 하는 것이다. 이러한 현상은 수구가 목적구를 맞혔을 때에 목적구의 진행방향에서도 나타나게 되는데 포켓에서는 이런 현상을 스로(throw)현상이라고 한다. Throw현상 아래 그림(上)을 보자. 목적구 두 개가 떨어져 있으면 제1목적구가 뒤에 가려진 공의 이미지 볼 위치에 도착할 수 있게 수구로 맞히기만 하면 된다(combination shot). 그렇지만 그림(下)는 두 개의 공이 완전히 붙은 상태로 있다. 또, 두 공의 구심점 연장선은 단축을 향하여 놓여 있으므로 쉬워 보이지 않을 것이다. 실제로 제1목적구의 오른쪽을 맞혀보자. 상당히 쉽게 성공할 수 있을 것이다. 왜 이렇게 진행하는지 잘 생각해 보자.

> **NOTE**
>
> 가로세로 낱말 맞추기에서 정답은 없다. 앞 단어와 뒤에 오는 단어와 앞뒤가 맞게 끼워맞추어야 하기 때문에 그 단어가 답이 되는 것뿐이다. 당구 또한 정답이 있을 수 없다. 성공률이 가장 높은 방법이 답일 것이다. 거기에 다음 득점을 위해 포지션까지할 수 있으면 그 방법이 최고의 정답이 될 것이다.

가끔 이 방법이 최선이라고 고수가 가르쳐줄 때가 있을 것이다. 무조건 그 방법만을 기억하지 말았으면 하는 바람이다. 4구든 3쿠션이든 포켓이든 최선의 방법을 찾는 것이 경기를 하는 우리들의 자세이고 마음가짐일 것이다.

앞으로 나오는 모든 도면에 기록한 답은 처리할 수 있는 여러 가지 방법들 중에 한 가지이다. 독자들이 알고 있고, 연습해 본 답과 비교해 가면서 공부하기 바란다. 필자가 적은 답이 최선일 수는 없다. 많은 반복을 통하여 높은 성공률의 나만의 방법을 기록하여 자신만의 당구사전을 만들기 바란다. 단, 다음 득점을 위한 포지션을 생각하면서 답을 찾아야 할 것이다.

분리각

수구의 진행방향에 대하여 두께에 따른 제1목적구와 수구가 분리 이동되는 각도를 말한다(두께 : 수구와 목적구를 평면적으로 보았을 때에 겹쳐지는 정도를 말한다).

수구는 M에서 이동하여 제1목적구와 부딪치는 순간의 M' 위치에 도착할 것이다. 제1목적구는 수구와 목적구의 구심점을 연결한 방향으로 이동하고 수구는 목적구의 이동방향에 대하여 직각 방향으로 이동한다(단, 전체조건은 수구가 제 1목적구에 부딪치는 순간의 수구는 무회전 이어야만 목적구와 수구의 분리각의 합이 90도가 됨을 눈으로 확인할 수 있다).

교과서 외우는 것처럼 외우지 말자. 실제로 그려보고 각도기로 재보도록 하자. (사실 필자도 포켓선수에게 두께에 대한 것을 배우기 전에는 두께가 1/2이면 수구와 적구의 분리각이 45도씩 벌어진다고 알고 있었다.)

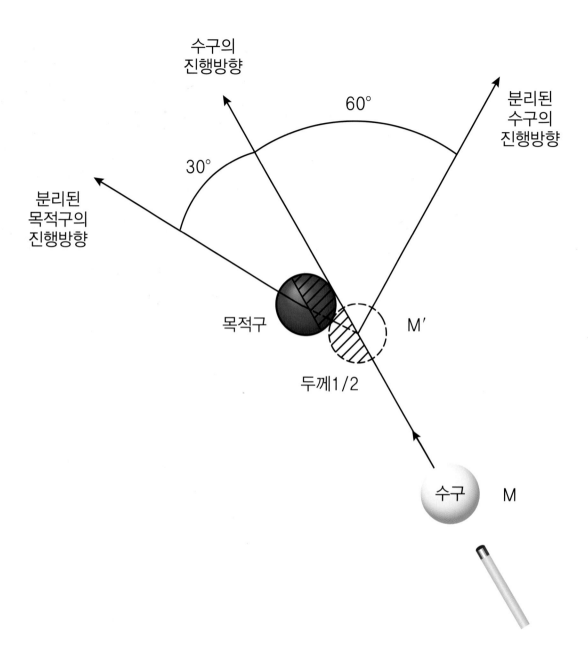

수구의
진행방향

60°

분리된
수구의
진행방향

30°

분리된
목적구의
진행방향

목적구

M′

두께1/2

수구   M

두께   1/2일 때 수구 60 목적구 30
       1/3일 때 수구 48 목적구 42
       2/3일 때 수구 70 목적구 20
       1/4일 때 수구 42 목적구 48
       3/4일 때 수구 75 목적구 15

당점

큐로 수구를 맞히는 부위를 당점이라고 한다. 공의 지름을 10이라 가정할 때 중심 쪽 6/10 안에 형성된다.

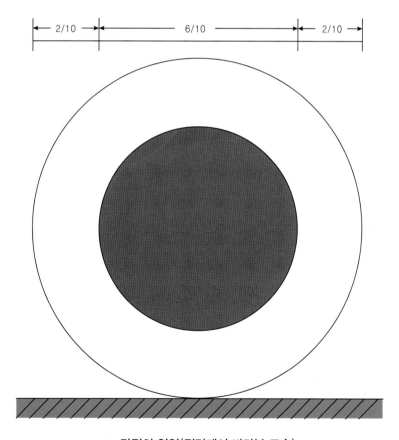

● 당점의 영역(정면에서 바라본 모습)

상, 하, 좌, 우의 10분의 2 부분은 공의 경사가 심하여 마찰력을 높일 수 없기 때문에 미스 큐를 유발하게 된다.

당점의 영역(옆에서 바라본 모습)

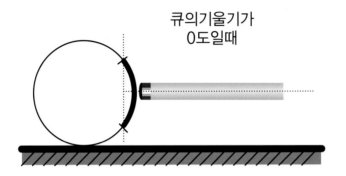

큐의기울기가
0도일때

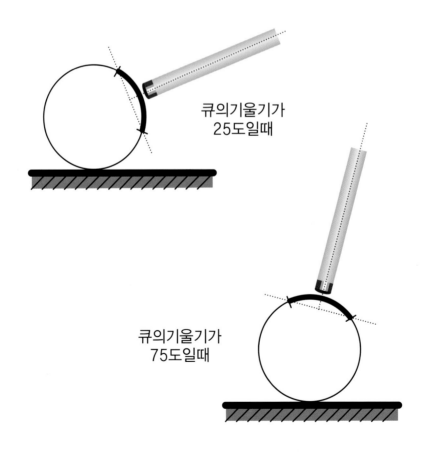

큐의기울기가
25도일때

큐의기울기가
75도일때

당점 겨냥법

● 위에서 내려다 본 모습

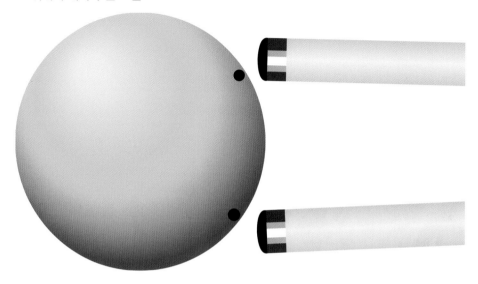

좌, 우 당점을 겨냥할 때의 모습이다. 내가 원하는 당점의 위치를 큐의 팁으로 가리지 말아야 한다. 당구 공은 평면의 원(圓)이 아니라 입체의 구(球)이므로 원하는 당점을 맞히기 위해서는 팁의 중앙이 아니라 테두리가 겨냥이 되어야 한다.

● 옆에서 바라본 모습

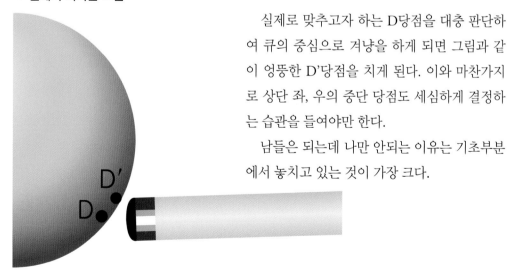

실제로 맞추고자 하는 D당점을 대충 판단하여 큐의 중심으로 겨냥을 하게 되면 그림과 같이 엉뚱한 D'당점을 치게 된다. 이와 마찬가지로 상단 좌, 우의 중단 당점도 세심하게 결정하는 습관을 들여야만 한다.

남들은 되는데 나만 안되는 이유는 기초부분에서 놓치고 있는 것이 가장 크다.

당점의 분배

정확한 당점을 구사하기 위해서는 체계적으로 당점을 분배할 줄 알아야 한다. 당점을 세밀하고 정확하게 타격하기 위해서 시계 방향을 이용하거나 팁의 반지름이나 지름으로 나누어 분배를 할 수 있는데 분배를 할 줄 알아도 조그마한 당구공에 정확하게 분배해서 구사할 수 있도록 많은 연습이 필요하다.

시계방향으로 나누어 당점을 구사할 때에는 최대한 공의 테두리까지 구사할 수 있어야 하고, 팁의 반지름이나 지름만큼을 이동하면서 구사할 때에는 정확한 폭의 이동을 할 줄 알아야 한다.

당점을 분배하는 방법과 그에 따른 이동경로를 도면으로 살펴보자. 이와 같은 방법을 사용한다면 누구나 일관성있고 정확하게 수구의 회전을 제어할 수 있게 된다.

당점의 분배방법 1 (Tip 분배)

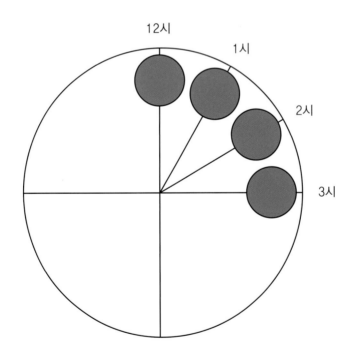

당점에 의한 수구진행

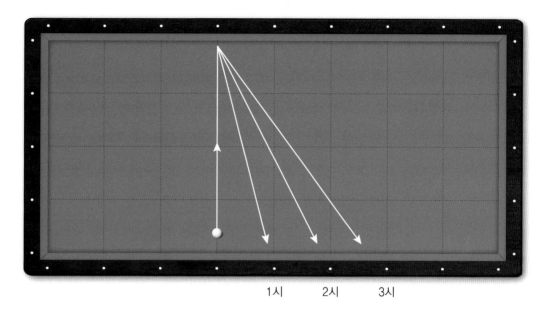

1시   2시   3시

당점의 분배방법 2 (Tip 분배)

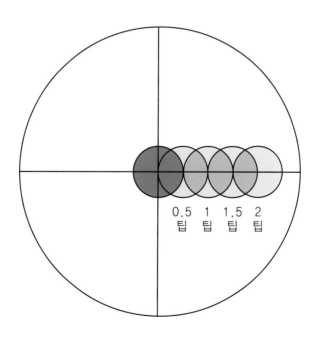

0.5 1 1.5 2
팁   팁   팁   팁

당점에 의한 수구진행

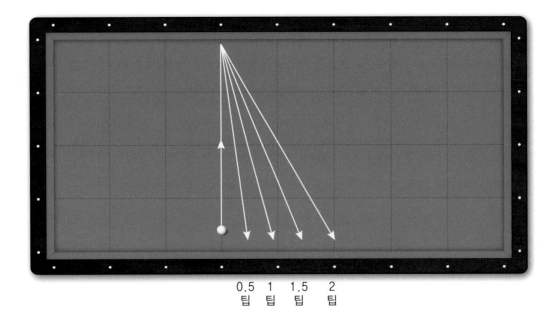

0.5   1   1.5   2
팁   팁   팁   팁

약식기호

두께의 표기

목적구를 맞추는 정도를 나타내며 분수(1/2, 1/3, 1/4, 1/5, 1/10, …)로 표기한다.

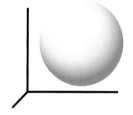

빈 쿠션치기(뱅크 샷)를 말한다.

타법의 표기

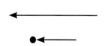

길게 미는 스트로크(Long Follow-through stroke)
짧게 미는 스트로크(Short & Cut stroke)
큐를 짧게 뻗는 스트로크는
공 1개의 길이 만큼을 뻗고 큐를 잡느냐,
공 2개의 길이 만큼을 뻗고 큐를 잡느냐,
공 3개의 길이 만큼을 뻗고 큐를 잡느냐에 따라서
기호에 1, 2, 3의 숫자를 넣어 표시한다.

타법에 관한 표기는 상황에 따라 열러 기호를 복합적으로 표기할 수 있다.

큐의 기울기

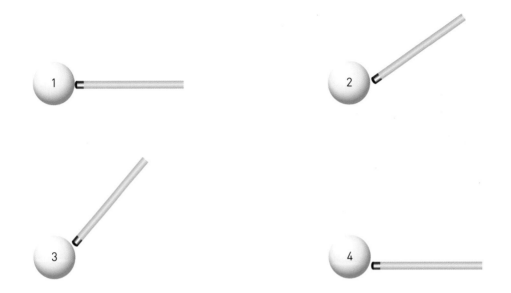

속도의 변화에 따른 분류

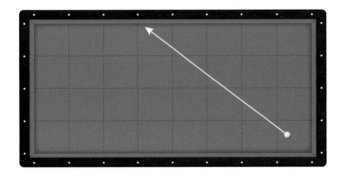

1쿠션을 이동할 수 있을 정도의 속도를 말한다. 표기는 -B 로 한다.

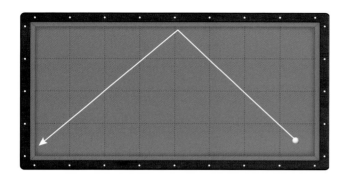

2쿠션을 이동할 수 있는 정도의 속도를 말한다. 표기는 B로 한다.

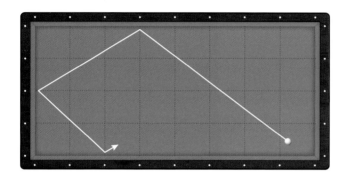

3쿠션을 이동할 수 있는 정도의 속도를 말한다. 표기는 -A로 한다.

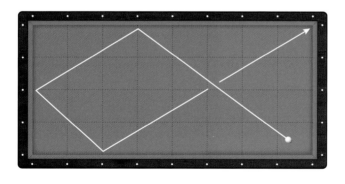

4쿠션을 이동할 수 있는 정도의 속도를 말한다. 표기는 A로 한다.

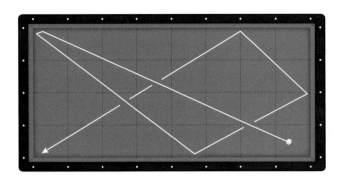

대회전을 시킬 수 있는 정도의
속도를 말한다. 표기는 AA로
한다.

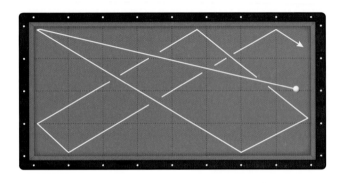

당구대를 두 바퀴(일명: 산주)
정도 이동할 수 있는 속도를
말한다. 표기는 AAA로 한다.

모든 표기는 복합적으로 사용할 수 있다.

만약 큐의 기울기를 표시할 때에 2//3이라고 하면 2와 3의 중간 정도의 기울기라 할 수 있
고, 속도를 나타낼 때에 AA//AAA라고 하면 AA와 AAA의 중간속도라고 할 수 있겠다.

4구

지금의 4구 경기의 정식 명칭은 4구 일할제이다. 수지가 300점이면 주판알 300개, 200점이면 200개를 득점을 해야만 경기가 끝나야 하므로 시간이 너무 오래 걸리고 지루해져서 1/10로 줄여서 일할(10%)만 치기로 하였다. 그래서 주판알 하나에 10점을 부여하여 지금의 4구로 발전하였다. 따라서 지금의 4구는 4구 일할제라고 불리는 것이 정확한 명칭이다. 연세가 많으신 어르신들은 아직도 일할제(일명:이찌아리)라고 부른다.

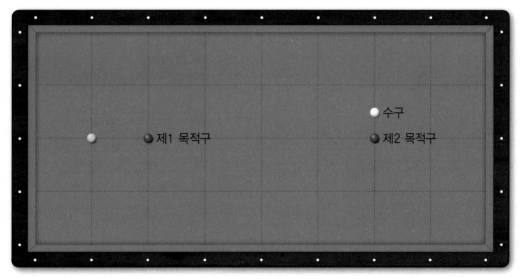

● **경기의 시작 (초구 세팅하는 법)**

❶ 초구는 수구(흰 공이나 노란 공)로 공격하며 제1목적구(빨간공)를 먼저 맞히고 직접이나 쿠션을 이용하여 제2목적구(빨간공)를 맞히는 것으로 시작한다.

❷ 두 개의 목적구중에 하나만 맞히면 무득점이 되며 공격권은 상대방에게 넘어간다.

❸ 아무것도 못 맞히거나 득점이 되어도 상대방 공을 맞히면 벌점을 받는다(벌점 10점. 주판알 1개).

❹ 공이 장외로 넘어가도 벌점을 받는다.

❺ 큐로 수구를 칠 때 겹치기(Two touch)를 해도 벌점을 받는다.

❻ 자신의 점수를 모두 득점하고 나면 마지막에 3쿠션을 득점하여 경기를 마무리한다.

　예전에는 국내에서 많은 4구 대회가 열렸었지만 지금은 열리지 않고 국제경기에 국제식 대대에서 하는 빠뜨리브레와 보크라인 경기가 있다. 국제대회에서는 마지막에 3쿠션 치기는 하지 않지만 동호인들의 경기방식이 보편화 되어 있으므로 편의상 기록해 본다 (단, 3쿠션일 때에는 파울을 하여도 벌점을 주지 않는다).

밀어치기 조준법

수구로 제1목적구를 맞히고 나서 전진 회전력으로 인해 앞으로 진행하면서 제2목적구를 맞히는 방법으로 제1목적구와 제2목적구의 구심점을 연결했을 때 제1목적구의 표면과 만나는 접점을 향해 상단 회전력으로 수구의 중심을 겨냥한다.

끌어치기 조준법

수구로 제1목적구를 맞히고 나서, 다시 몸 쪽으로 진행할 수 있는 뒤로 끌려오는 회전력에 의해 제2목적구를 맞히는 방법으로 먼저 수구와 제2목적구의 구심점을 연결하고 거리의 1/2를 찾는다. 그 위치에서 제1목적구의 구심점을 향해 직선을 그렸을 때에 제1목적구의 표면과 만나는 접점에 하단 회전력으로 수구의 중심을 겨냥한다.
밀어치기나 끌어치기는 샷의 속도와 충격량에 따라서 같은 두께를 맞히어도 끌리는 정도가 많이 다르게 진행을 할 것이다. 어떤 거리나 각도에 배치가 되어 있어도 성공할 수 있도록 많은 연습을 해야 한다.
　밀어치기나 끌어치기가 기초라고 생각하겠지만 정확하게 한 번에 성공시킨다는 것은 매우 어려운 일이다. 기술적으로 고수와 하수의 차이는 이런 기초가 얼마나 성공률이 높은가 하는 것이다. 가장 기초라고 생각하는 되는 부분을 소홀이 생각하면 실수가 발생하는 것이다.

밀어치기

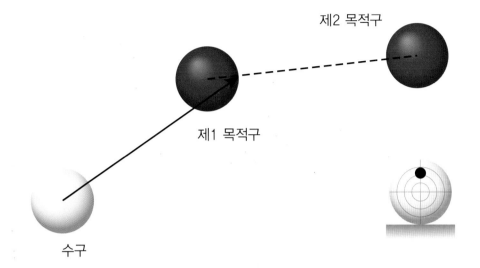

끌어치기

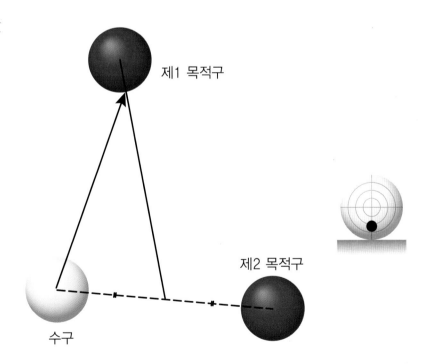

분리각을 공부하다 보면 이론과 실제로 분리되는 각이 다르게 보일 것이다. 앞에서도 말했다시피 수구가 목적구에 맞는 순간의 회전이 무회전일 때 도표와 같이 분리가 되는 것이다. 천천히 수구를 굴려서 진행시킨다면 상단당점을 주지 않아도 전진회전력 때문에 분리가 된 이후에 수구가 전진을 하게 되므로 수구의 분리 진행각도가 훨씬 작아지는 것처럼 보인다. 하지만 분리는 이론과 똑같이 이루어지고 있으며 짧게 분리된 후에 바로 전진이 되는 것이므로 이론이 틀리다라고 오해하면 안 된다.

분리각과 끌어치기, 밀어치기를 공부하였다. 아주 기초적인 배치들을 놓고 배운 것을 실습해 보자. 생각만큼 쉽게 성공되는가? 지금 소개하는 문제들은 가장 기초적인 문제들이므로 한번의 실패도 있어서는 안될 정도로 많은 연습을 하여야 한다. 깨끗한 스트로크 연습이 얼마나 잘 되었느냐에 따라서 성공여부가 가려질 것이다. 이론을 얼마나 잘 이해하고 공부했는지 이전에 스트로크를 똑바르고 깨끗하게 할 수 있는 연습을 먼저 해야만 할 것이다.

직접 맞히기

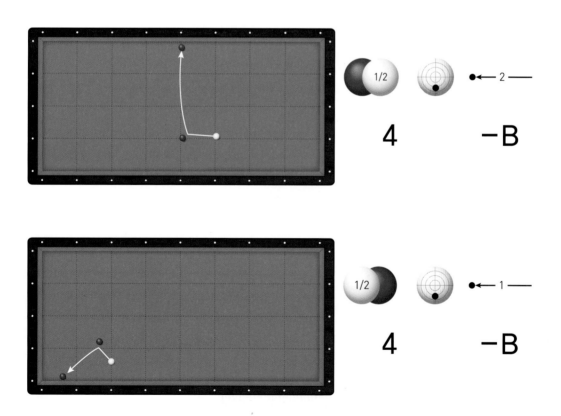

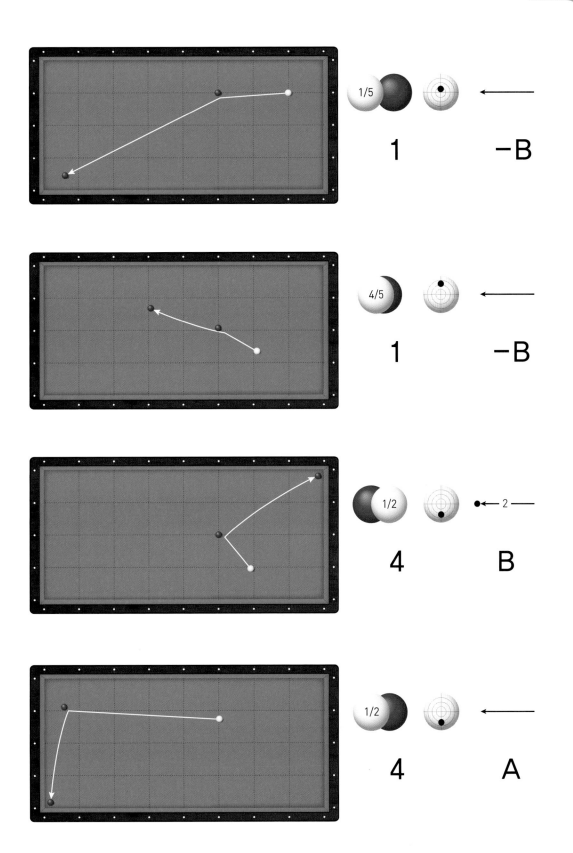

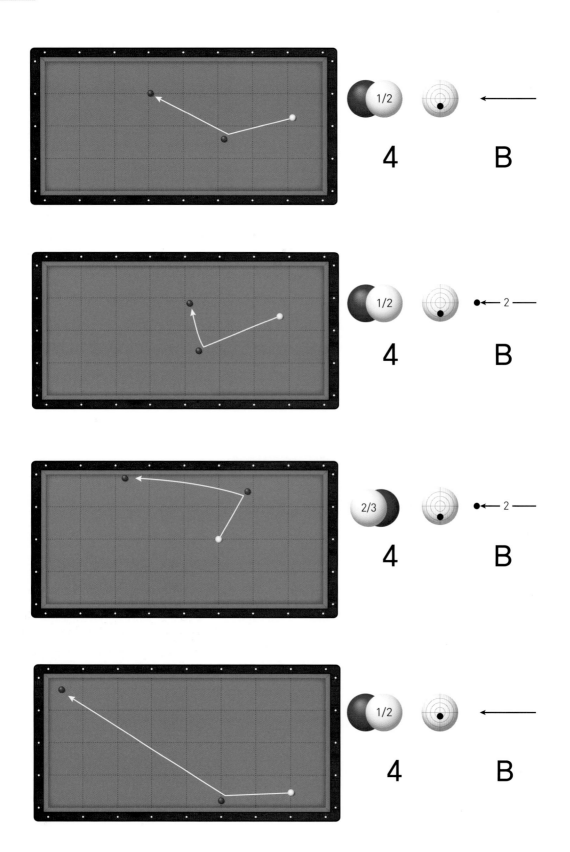

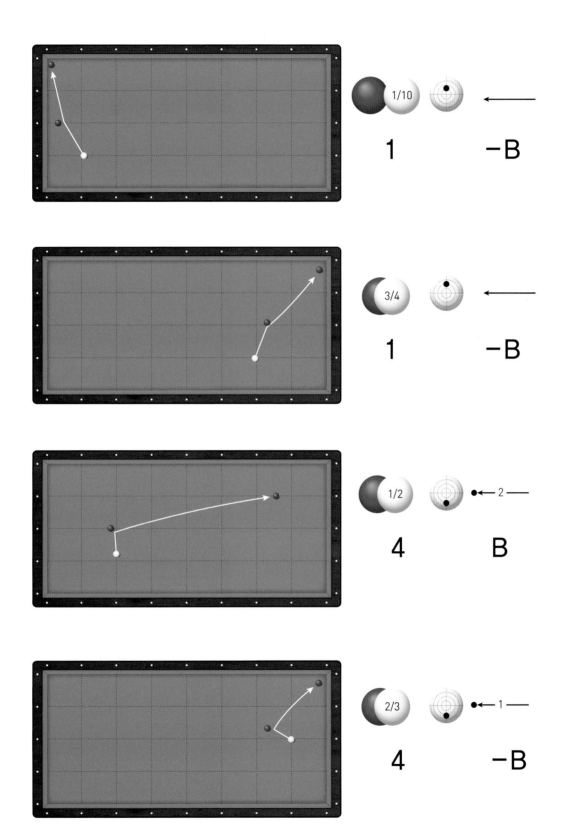

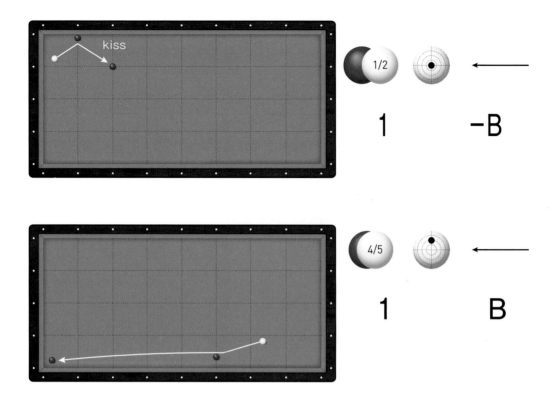

스트로크 연습을 하고 분리각을 배우고 끌어치기와 밀어치기의 조준법만 배웠을 뿐이다. 3가지만 배우고 이해했을 뿐인데 성공시킬 수 있는 배치가 너무도 많아졌다. 계속 자신감을 가지고 하나씩 배우고 이해해 나간다면 엄청난 발전을 할 수 있으리라 믿는다. 스트로크가 조금 된다고 해서 샷 연습을 게을리해서는 안된다. 사람 몸은 안쓰면 퇴화되고 사용하면 발달하기 때문에 스트로크 연습을 중도에 멈춘다면 얼마간은 감각이 있겠지만 공을 맞혀야 한다는 생각 때문에 이리 비틀리고 저리 비틀리고 하면서 문제를 일으킬 것이다.

흔히들 말하는 슬럼프(Slump)라는 것이 있다. 정신적인 부담이나 불안감 때문에 자신의 실력발휘가 안되는 경우를 슬럼프라고 한다. 그리고 아무런 원인도 모르고 신체의 컨디션도 괜찮은데 실력발휘가 안 될 때에도 슬럼프라고 말들을 하는데, 이런 경우는 정확하게 말한다면 슬럼프라고 하기 어렵다. 왜냐하면 극복하기가 너무도 쉽고 간단하기 때문이다.

해결방법은 간단하다. 기초적인 부분을 재점검하는 것이다. 자신이 기초를 탄탄하게 잘 다졌다고 생각할지 모르지만 스트로크 연습을 게을리하고 기술적인 부분들과 난구에만 관심을 가지는 사이에 자기도 모르게 자세가 뒤틀려있고 스트로크가 달라져 있으며 두

께를 대충 보는 습관까지 생겨버렸을 것이다. 하나하나 꼼꼼히 자신의 상태를 점검해 본다면 문제점은 의외로 쉽게 발견하게 된다. 만약 그래도 모르겠으면 고수에게 점검을 해달라고 부탁해보는 것도 좋다. 자신보다 고수들이 나의 문제점을 더 잘 판단하고 있을 수 있기 때문이다.

이제 마구잡이로 1점 득점만을 위한 공략이 아니라 다득점을 위한 두 개의 목적구를 모으는 공략법을 익히도록 하자. 같은 배치라도 두께를 조금만 달리하고 그에 따라 당점을 조절한다면 득점을 하면서도 연속득점이 용이하도록 두 개의 목적구를 가까이에 배치시킬 수 있다. 정말 기분 좋은 일이 아닐 수 없다!

열심히 연습하고 성공한 배치들과 그에 따른 답은 반드시 외워야 한다. 당구는 많이 외우고 있는 사람이 잘 칠 수 있다.

밀어치기 & 끌어치기

당구에서 가장 기초가 되는 당점으로 수구의 진행을 결정한다. 앞 Page에서는 밀어치기와 끌어치기의 두께조준법 만을 그려 놓았다. 당점의 높낮이에 따라 수구의 진행 경로와 진행 속도가 변화하는 것을 알 수 있을 것이다. 당점의 위치에 따라 당점의 효과도 차이가 나겠지만 수구의 진행 속도에 따라서도 당점의 효과는 전혀 달라진다는 것을 알아야 할 것이다. 끌어치기 당점으로도 느리게 치면 밀어치기 효과를 낼 수 있기 때문이다. 마찬가지로 밀어치는 상단 당점으로도 두께와 충격량의 조절에 따라 밀리는 효과보다 끌어치는 것처럼 분리각을 크게 만들 수 있는 배치도 있다. 여러 형태의 다양한 밀어치기와 끌어치기를 연습해 보자.

다음에 소개하는 배치들은 당연히 득점을 하는 것이 중요하지만 힘 조절에 조금만 신경을 쓴다면 두 개의 목적구를 원샷에 모을 수 있으므로 대량 득점이 가능해 진다. 제1목적구의 속도를 조절하기 위해서는 충격을 거의 주지 않는 부드러운 스트로크를 구사할 줄 알아야 하고, 당점을 최대한 폭넓게 사용할 줄 알아야 한다. 동영상 참고자료는 네이버 카페 '레벨 업 빌리어드'에 게시되어 있다.

http://cafe.naver.com/levelupbilliard/202와 208, 209, 210, 217을 참고하기 바란다.

다양한 끌어 모아치기

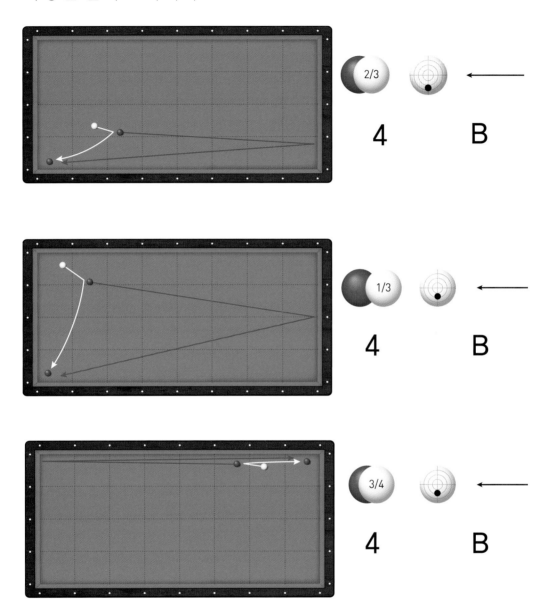

2/3

4　　　B

1/3

4　　　B

3/4

4　　　B

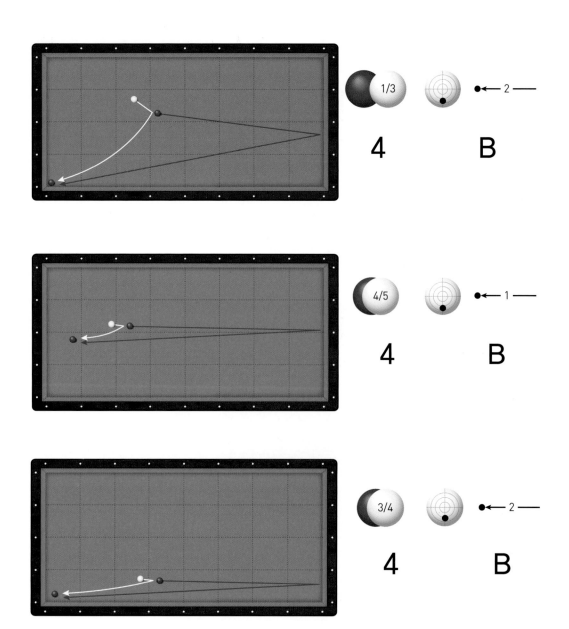

4　　1/3　　　B　　2

4　　4/5　　　B　　1

4　　3/4　　　B　　2

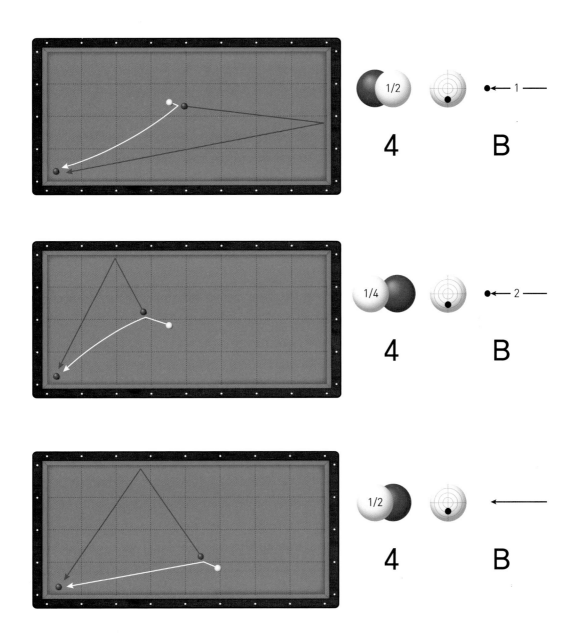

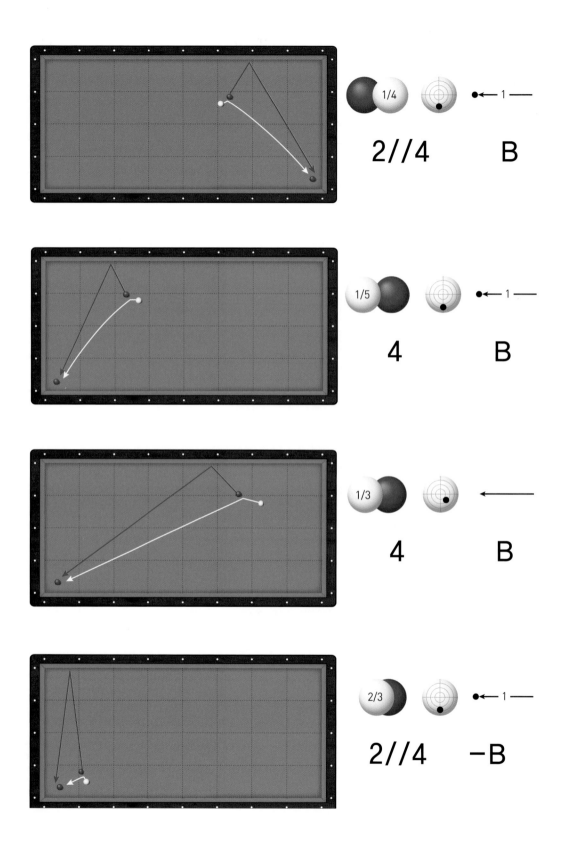

2//4   B

4   B

4   B

2//4 −B

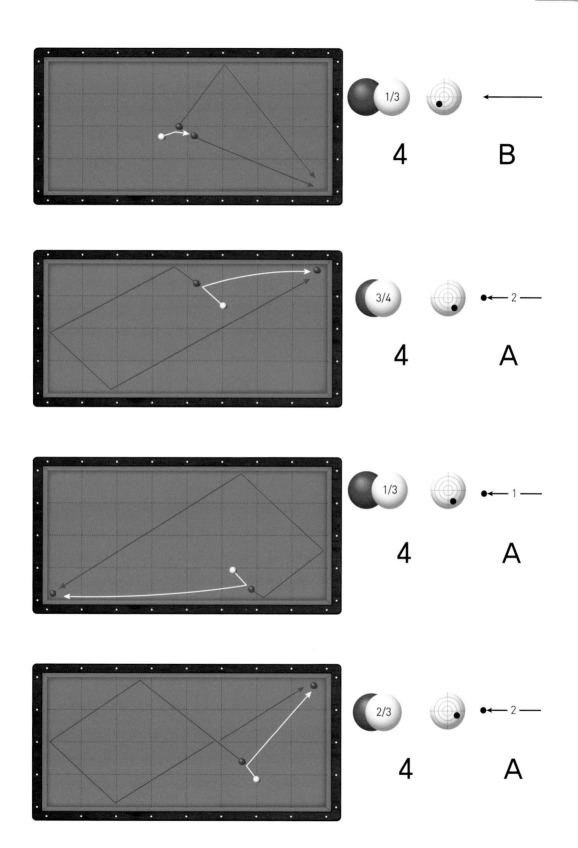

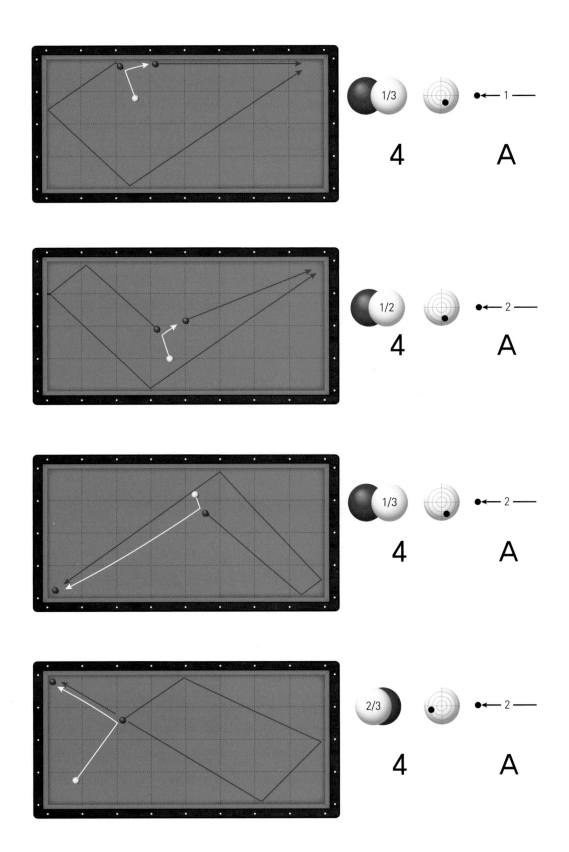

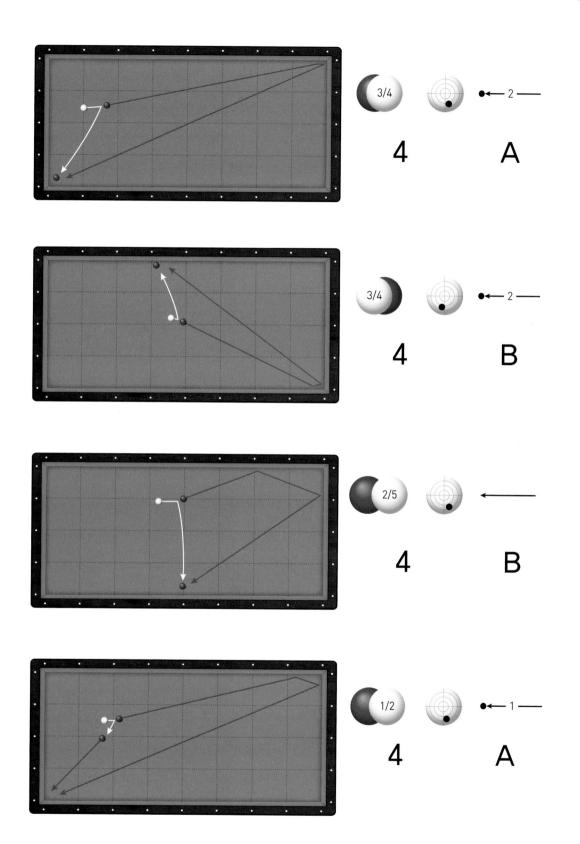

4   A

4   B

4   B

4   A

두 개의 목적구를 직접 맞힐 때에 수구에 회전력을 부여할 필요는 없다. 수구가 목적구를 맞히고 왼쪽으로 진행을 하느냐 오른쪽으로 진행을 하느냐는 목적구의 왼쪽을 맞히느냐 오른쪽을 맞히느냐에 따라서 결정이 되는 것이지 회전에 따라서 왼쪽, 또는 오른쪽으로의 진행방향이 바뀌는 것은 아니라는 것을 알아야 한다.

수구에 좌, 우 회전력을 부여해야 하는 경우는 쿠션을 이용하거나 목적구의 진행을 제어해야 할 경우 이외에는 함부로 사용해선 안된다. 오히려 좌, 우 회전력 때문에 원하는 두께를 잘못 맞히는 오류를 범하게 되기 때문이다.

지금까지 다양한 배치의 직접 끌어치기를 소개하였다. 필자는 두 개의 목적구를 쿠션을 이용하지 않고 직접 맞히는 경우인데도 좌우의 회전력을 사용하여 성공을 시킨 답을 기록하였다. 이유는 제1목적구의 진행을 제어하기 위해서인데 수구가 좌, 우의 회전력을 가지게 되면 목적구에 접촉하는 순간 톱니바퀴가 물리듯이 목적구도 반대방향의 회전력을 약간은 전달을 받기 때문이다.

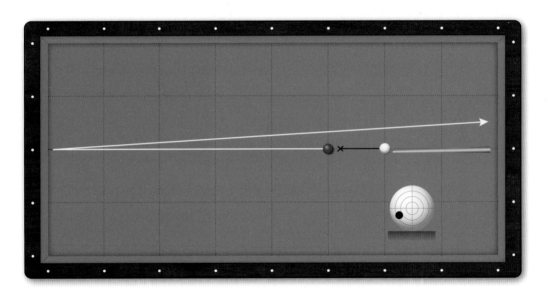

위의 그림과 같이 왼쪽 최대회전력으로 목적구의 정면을 맞추어 제자리에 정지를 시켜보자. 수구를 정지시켜야 하므로 중, 하단으로 당점을 낮추어야 한다. 수구가 왼쪽이나 오른쪽으로 진행하지 않고 제자리에 멈춘다는 것은 목적구의 정면이 맞았다는 뜻인데, 이때 목적구의 진행을 살펴보자. 정면의 쿠션을 맞고 똑바로 되돌아오는 것이 아니라 수구가 가진 회전력의 반대회전을 전달받고 오른쪽으로 진행하는 모습을 관찰할 수 있다.

많은 회전은 아니지만 조금이라도 수구의 회전력을 목적구에 전달시켜서 목적구의 진행을 다르게 만들 수 있다는 것을 알았을 것이다.

　필자가 기록한 당점을 유심히 관찰해 보기 바란다. 그리고 실제로 시도해 보면서 왜 그런 당점들을 사용했는지를 이해해야 할 것이다.

http://cafe.naver.com/levelupbilliard/202과 221

다양한 밀어 모아치기

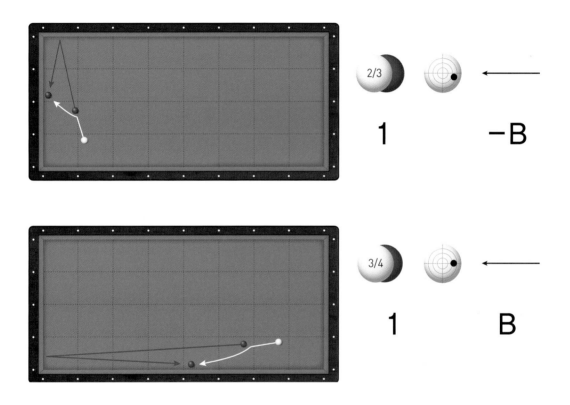

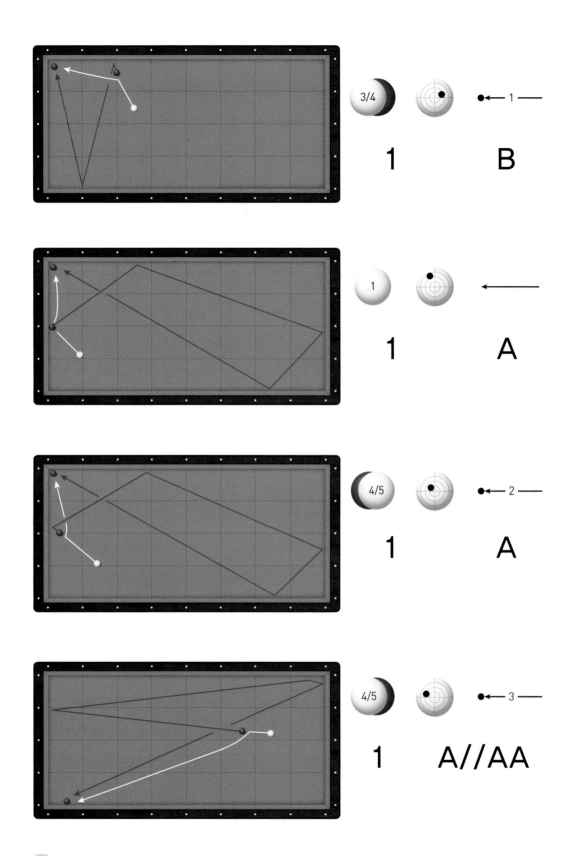

1　　B

1　　A

1　　A

1　　A//AA

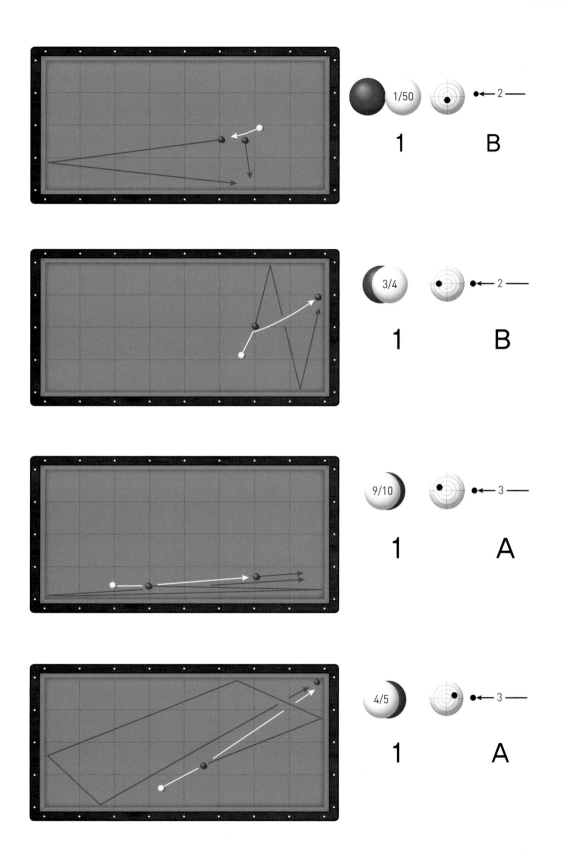

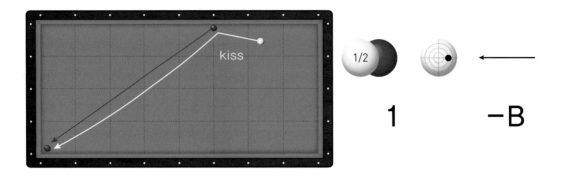

목적구를 두껍게 맞히는 경우에는 상단회전이냐 하단회전이냐에 상관없이 수구의 좌, 우 회전의 영향을 목적구가 전달을 받게 된다.

　다양한 밀어치기의 배치들을 경험해 보았을 것이다. 필자가 기록한 답과 자신이 평소에 구사하는 답을 비교해 보면 많은 차이가 있을 것이라 생각한다. 특히, 밀어치기에서는 수구가 앞으로 전진을 해야한다고 해서 상단의 당점이 반드시 선택되어야 하는 것은 아니라는 것을 알아야 한다. 전진하는 수구의 속도가 너무 빠르면 제2목적구를 강하게 맞히게 되므로 제1목적구가 원하는 곳에 도착을 하여도 제2목적구가 이동을 하게 되는 결과를 경험하게 될 것이다. 따라서 수구의 진행 속도를 조절하기 위해서는 전진하는 속도를 감소시킬 수 있는 당점을 선택하여야 한다. 다시 말하면 수구의 진행속도는 내가 얼마만큼 빠르게 치느냐 느리게 치느냐를 결정하는 것도 영향이 있지만 당점을 어떻게 결정하느냐 라는 것도 큰 비중을 차지한다는 것이다.

　수구의 진행속도에 따라서 하단 당점도 수구가 전진을 할 수 있으므로 두께에 따라서 다양한 당점을 구사하는 연습을 하기 바란다.

당점에 따른 수구의 경로

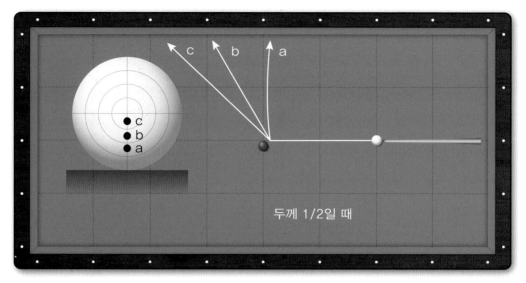

두께 1/2일 때

하단당점은 당점의 높이에 따라서 끌리는 정도가 달라지고 이동 거리도 달라진다. 낮으면 낮을수록 더 많이 끌리고 끌리는 속도도 빠르다.

당점에 따른 수구의 이동거리

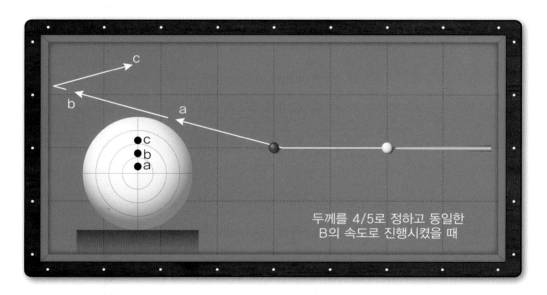

두께를 4/5로 정하고 동일한 B의 속도로 진행시켰을 때

상단당점도 마찬가지로 당점의 높이에 따라서 전진하는 거리가 달라지므로 상황에 맞는 당점의 높이를 결정하여 구사하도록 해야 한다.

각도

경기를 할 때에 모든 배치가 두 개의 목적구를 직접 맞힐 수 있게 놓이지는 않는다. 두 개의 목적구가 멀리 떨어져 있거나 가까이 있어도 직접 맞히기 힘든 상황에서는 쿠션을 이용하여 시도하여야 하므로 각도를 읽을 줄 아는 능력이 필요하다.

입사각 & 반사각

기본적으로 알아야 할 각도 측정법은 입사각과 반사각을 읽는 것이다. 많은 계산법과 각도를 읽어내는 방법 중에서 가장 기본적으로 알고 있어야 하는 측정법으로 수구에 회전력을 부여하지 않고 쿠션으로 진행시켰을 때, 입사각도에 따른 반사각도를 예상하는 방법이다.

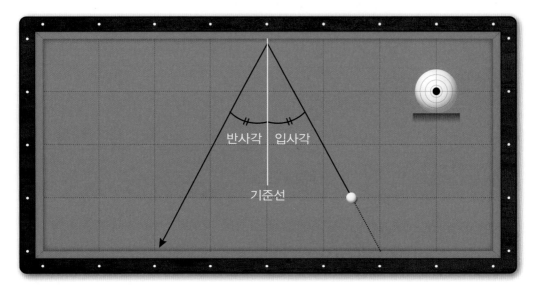

쿠션을 '거울'이라고 생각하고 거울에 레이저를 쏘았다고 생각해 보자. 거울은 레이저를 입사되어 온 각도만큼 고스란히 반사시킬 것이다. 쿠션이 거울과 똑같지는 않지만 입사각과 비슷하게 반사 각도를 만들어 주면서 수구를 진행시킨다. 모든 계산법은 입사각에 따른 반사각을 기준으로 만들어졌다고 생각해도 과언이 아닐 정도로 가장 기초이고 매우 중요하다.

실전에서는 어떻게 이용하는지를 도면으로 살펴보자.

● **실전응용 1**

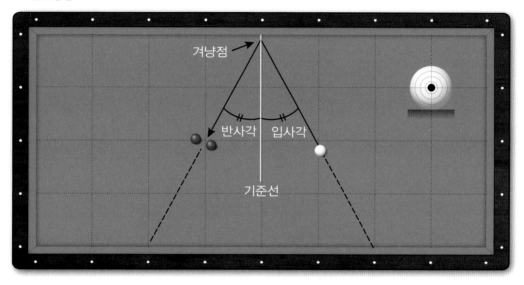

두 개의 목적구를 직접 맞히기는 어려운 상황이므로 쿠션을 이용하여 득점할 수 있도록 한다. 쿠션으로부터 수구의 위상(位相)과 도착해야 하는 목적지의 위상이 거의 같으므로 수구와 목적지와의 거리의 반을 측정하여 그 지점에서 쿠션을 향해 수직선을 그린다면 어렵지 않게 겨냥점을 찾을 수 있을 것이다.

위와 같은 방법은 빈 쿠션치기 (뱅크 샷 Bank-Shot)에서만 이용되는 것이 아니라 목적구를 맞히고 쿠션을 이용하여 진행시키고자 할 때에도 이용할 수 있다.

이때, 중요한 것은 각도를 아무리 잘 측정을 해도 그 겨냥점에 수구를 정확하게 도착을 시키지 못한다면 수구는 엉뚱한 곳으로 진행을 하게 된다는 것이다. 또한, 수구에 좌,우의 회전력이 생각지도 못하게 주어진다면 예상과는 다르게 진행한다는 것을 기억해야 한다. 수구를 무회전으로 진행시킨다는 일은 매우 어려운 연습 과제이다. 무회전 당점을 찾는

연습을 많이 해야 하고, 스트로크의 비틀림이 없도록 큐를 똑바로 뻗는 연습을 해야만
한다.

● 실전응용 2

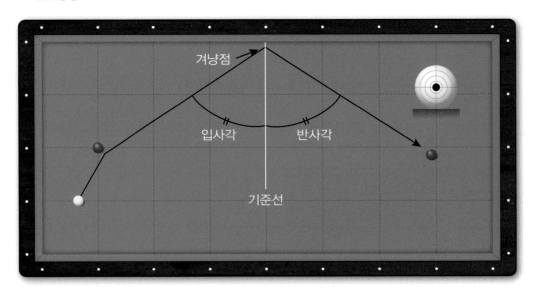

입사각&반사각 + 회전력

입사각에 따른 반사각이 목적구에 못 미친다면 입사각을 다시 설정하여야 한다는 것을 알
았을 것이다.

　이번에는 입사각도를 변화시키지 않아도 회전력으로 반사각을 변화시켜 수구를 진행
시키는 방법을 알아보자. 점점 더 어려워 질 것이다. 각도를 측정하는 것은 금방 배울 수
있으나 수구의 좌, 우 회전력이 부여된다면 스쿼트나 커브 현상으로 인하여 원하는 두께
를 맞히기가 어려워지기 때문에 많은 시행착오를 겪어야만 한다.

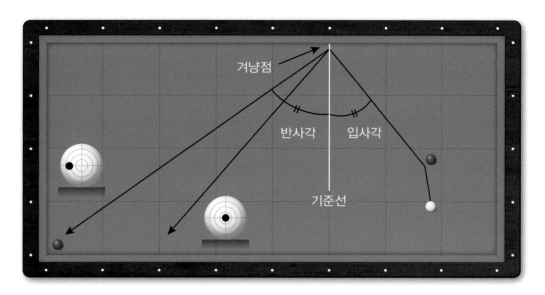

수구의 회전을 무회전으로 목적구를 두께 1/2로 겨냥하여 진행을 시킨다면 제1목
적구에 2포인트 정도의 거리가 모자라게 진행하게 된다. 앞에서 당점의 분배를 설명하
였다.

수구를 정면으로 진행시키면서 2포인트를 이동할 수 있는 당점을 선택하여 시도하여
보자. 수구가 첫 번째 쿠션의 같은 위치에 도착을 하지만 회전력 때문에 반사각이 훨씬 커
지면서 2포인트의 모자람을 극복할 수 있을 것이다.

이렇게 진행을 더욱 도와주고 반사각을 크게 만들어주는 방향의 회전을 +회전, 또는
순방향 회전이라고 한다. 그리고 수구의 진행을 원활하게 도와주지 못하고 반사각을 더욱
작게 만들어주는 회전을 −회전, 또는 역방향 회전이라고 한다. 순방향 회전과 역방향 회
전을 정확하고 다양하게 시도하면서 수구를 자신이 원하는 방향으로 진행시킬 줄 알아야
한다.

입사 반사각을 배우면서 좌, 우의 회전은 필요에 의해서 사용해야만 한다는 것을 알았
을 것이다. 수구가 왼쪽으로 진행을 해야 되면 무조건 왼쪽회전을 결정해야 하고, 수구가
오른쪽으로 진행을 해야 되면 무조건 오른쪽 회전을 결정하는 것이 아니다. 수구를 무회
전으로 진행을 시켰을 때에 득점할 수 있으면 구태여 회전을 사용할 필요가 있겠는가? 오
히려 잘못된 회전의 결정으로 득점을 하지 못하는 실수를 하지 말아야 할 것이다.

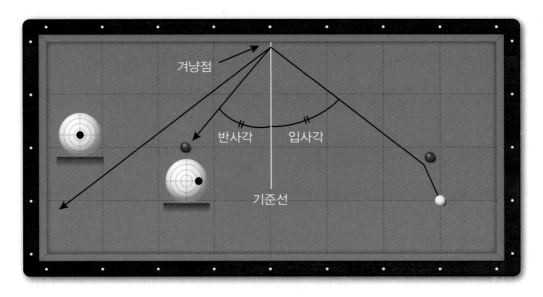

위의 그림은 역방향의 회전으로 반사각을 작게 만들어 수구의 진행이 변화하는 모습이다.

순방향 회전과 역방향 회전을 능수능란하게 사용하기 위해서는 우선적으로 입사각과 반사각을 읽을 줄 아는 눈을 가져야 한다. 실제로 당구대에서 연습을 해도 좋고, 그럴 기회가 많지 않다면 연습장에 그림을 그려보면서 연습을 해도 좋다. 많은 연습으로 익숙하게 좌,우 회전을 사용하기 바란다.

이제는 쿠션을 이용하여 득점을 하면서 더불어 두 개의 목적구를 모아서 연속득점을 할 수 있도록 해야만 한다. 수준이 많이 높고 어려울 수 있겠으나 떨어져 있는 두 개의 목적구를 한 큐에 모을 수 있는 실력이 된다면 누구와 대결을 하여도 자신감이 생길 것이다.

위상이 다른 1쿠션 각도 측정법

수구와 목적지점이 쿠션으로부터 위상이 같다면 겨냥점을 찾기는 수월하다. 지금까지 설명한대로 거리의 1/2 지점에서 쿠션을 향하여 수직선을 그리면 그 지점이 겨냥점이 되기 때문에 어렵지 않게 성공시킬 수 있다. 하지만 수구와 목적지점의 위상이 다를 경우에는 겨냥점을 찾기가 쉽지 않을 것이다. 이럴 경우에 사용하는 간단한 방법을 소개하겠다.

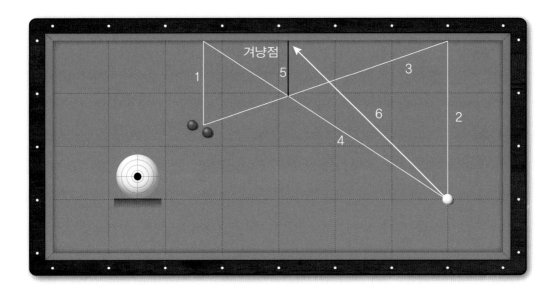

❶ 목적지점에서 쿠션을 향해 수직선을 그린다.

❷ 수구에서 쿠션을 향해 수직선을 그린다.

❸ 수구에서 그린 수직선과 쿠션의 접점에서 목적지를 향해 직선을 그린다.

❹ 목적지점에서 그린 수직선과 쿠션의 접점에서 수구를 향해 직선을 그린다.

❺ 3과 4에서 그린 직선의 교차점에서 쿠션을 향해 수직선을 그린다.

❻ 교차점에서 그린 수직선과 쿠션의 접점을 향해 무회전으로 부드럽게 스트로크한다.

처음에는 복잡하게 느낄 수 있겠으나 숙달이 된다면 교차점을 찾아내는 것이 어렵지 않을 것이고 시간도 빨라질 것이다.

마치 수구와 목적지점과의 위상이 같은 배치에서 겨냥점을 찾아내는 것처럼 빨리 계산할 수 있도록 반복연습을 해서 실전에서 적용하기를 바란다.

이제 기초적으로 1쿠션을 이용하여 득점을 하는 배치들을 실습해 보도록 하자. 무조건 답을 보고 흉내만 내는 것이 아니라 수구의 자연스러운 진행을 시키기 위해서 또는 성공률을 높이기 위해서 얼마의 두께와 어느 당점을 사용해야 하는지 생각하고 연습을 하기 바란다.

1쿠션으로 맞히기

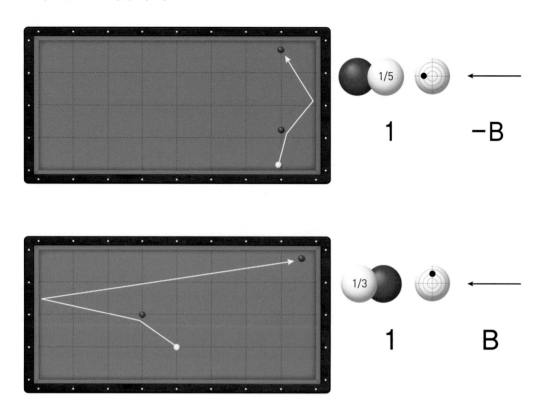

1/5

1

−B

1/3

1

B

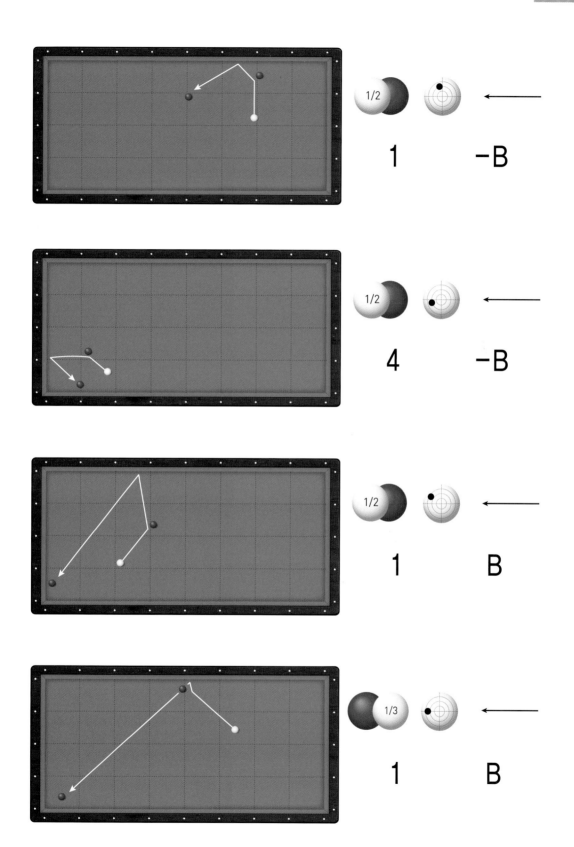

1　−B

4　−B

1　B

1　B

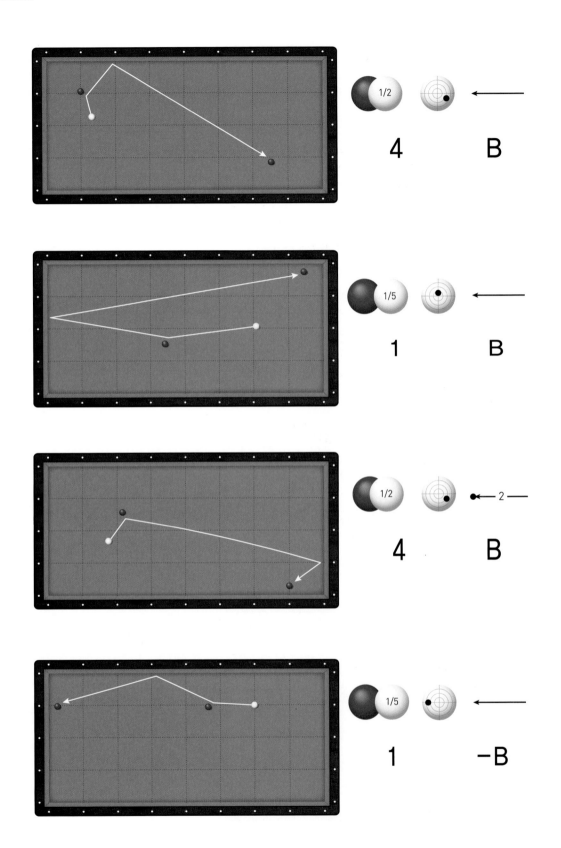

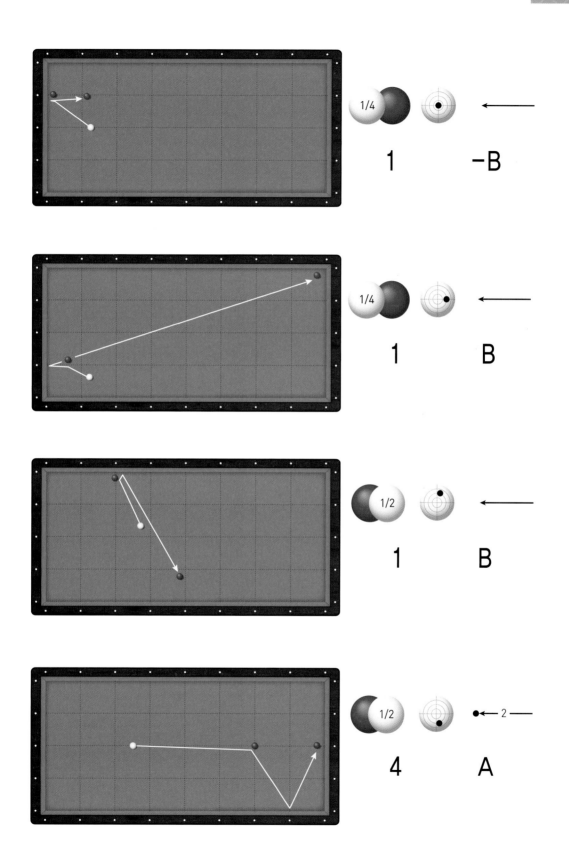

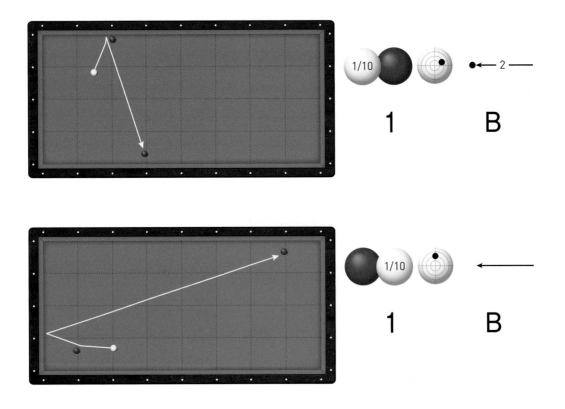

목적구 두 개가 멀리 떨어져 있으므로 쿠션을 이용하는 방법이 현명하지만 각도를 재고 제1목적구를 맞혀서 첫 번째 쿠션의 정확한 위치에 수구를 보내는 것이 쉽지만은 않을 것이다.

눈이 시큰거릴 정도로 두께를 열심히 보아야 하고 한번에 성공시키려는 집중력이 있어야 실전에서도 연습할 때의 실력을 그대로 보여줄 수 있다.

앞에서도 말했지만 기초적인 1쿠션 처리방법들이다. 10번을 시도한다면 단 한 번도 실패하지 않을 정도로 많은 연습을 해야만 한다. 1쿠션으로 득점을 하면서 떨어져 있는 두 개의 목적구를 한곳으로 모이도록 해보자. 제1목적구를 이동시키기 위한 새로운 경로들이 눈에 익혀져야 하고 그에 따른 당점들을 연구하고 공부해야 할 것이다.

참고자료 http://cafe.naver.com/levelupbilliard/223

다양한 1쿠션 모아치기

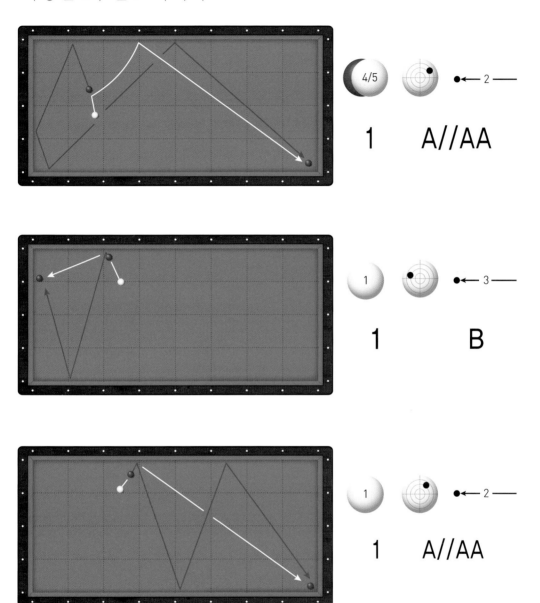

4/5 ● ←— 2

1 A//AA

1 ● ←— 3

1 B

1 ● ←— 2

1 A//AA

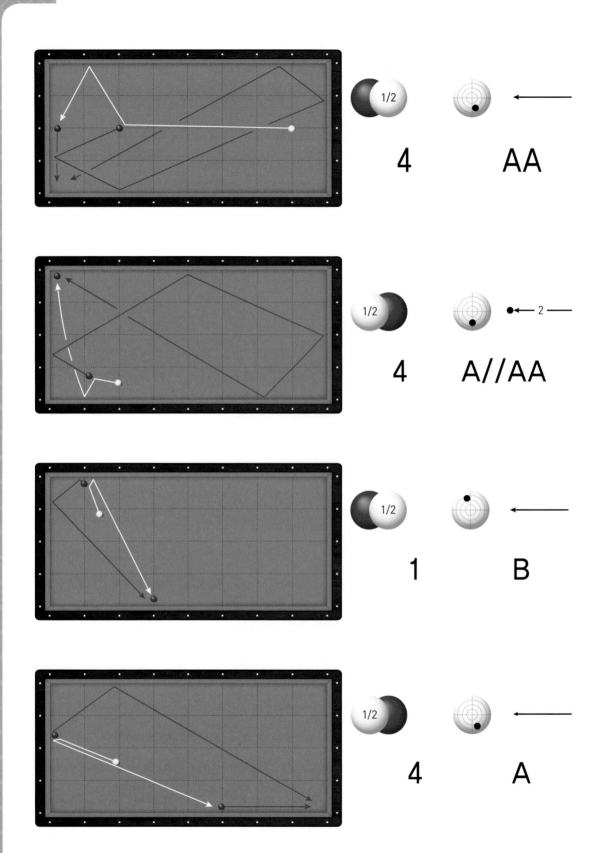

4   AA

4   A//AA

1   B

4   A

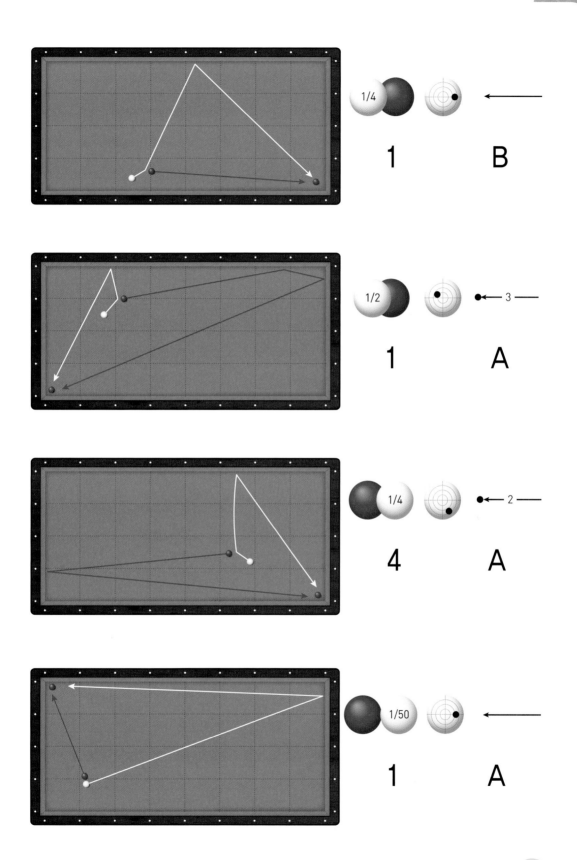

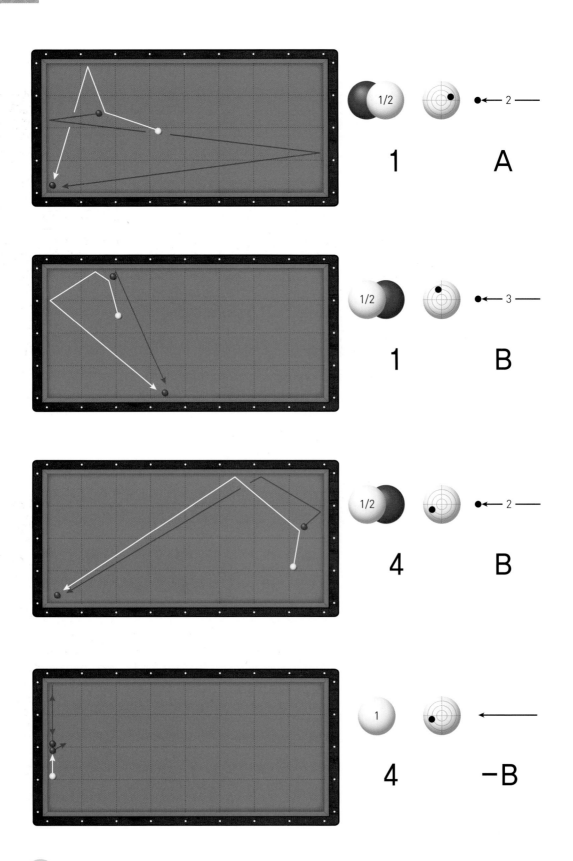

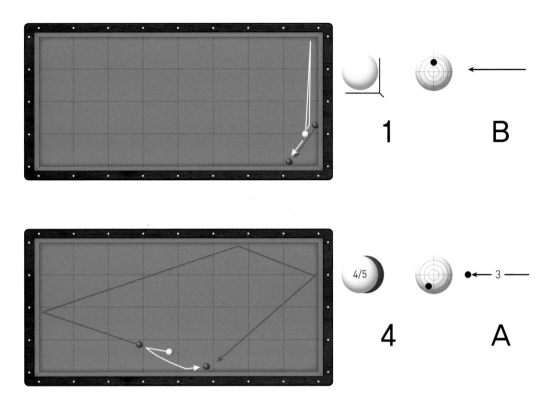

2쿠션 각도 측정법

2쿠션의 도착지점을 예측하는 방법은 입사각과 반사각을 기준으로 알아낼 수 있고 좌, 우의 회전력을 이용하는 경우라면 회전의 정도에 따라서 반사각을 예측하여 두 번째 쿠션의 도착 지점을 알아낼 수 있다는 것을 앞에서 설명하였다.

이제는 수구가 두 번째 쿠션에서 세 번째 쿠션으로 진행하는 경로를 예상할 줄 알아야 하는데 특별한 측정법이 없어서 많은 사람들이 대충 감으로 시도하는 것이 현 실정일 것이다.

필자는 수구가 두 번째 쿠션에서 세 번째 쿠션으로 진행하는 경로를 나름대로 정리해서 소개한다. 무수히 많은 실습을 통하여 정리한 것이지만 가이드 라인일 뿐이다. 당구대의 라사지 상태에 따라서 조금씩은 다를 수 있으므로 상황에 맞게 조절하는 능력도 길러야 한다.

무회전 곱하기 시스템

좌, 우 회전력이 들어가지 않도록 무회전으로 구사하는 계산법으로 굉장히 간단하고 빠르게 계산 할 수 있다. 우선 도면을 보고 당구대의 수치를 기억하자.

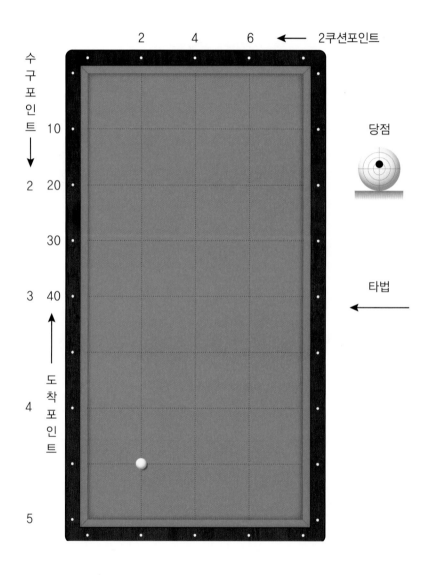

계산은 간단하다. 수구포인트 × 2쿠션포인트 = 도착포인트 이와 같은 계산은 주로 수구가 당구대 반을 넘지 않는 위치에 있을 때에 사용하면 적중률이 매우 높고 필자가 테스트 해 본 결과, 3쿠션 경기에서 무회전이나 약한 옆회전으로 옆 돌리기를 시도할 경우에 성공률이 상당히 높다.

● **수구 포인트 2일 때**

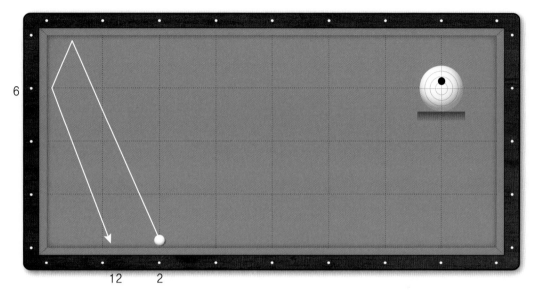

수구 포인트 (2) × 2쿠션 포인트 (6) = 도착 포인트 (12)

수구포인트 2의 위치에서 무회전으로 입사각과 반사각을 생각하여 두 번째 포인트 6의 지점에 도착 시키면 세번째 쿠션은 12 포인트 위치로 진행한다는 계산법이다.

다른 어떤 교본에 이런 계산법이 소개되어있는지는 모르겠지만 필자는 많은 테스트를 하면서 나름대로 수치를 부여하여 이와 같은 곱하기 계산법을 만들었다.

첫 번째 쿠션을 어디에 도착시켜야 하는지는 입사각과 반사각을 측정하여 당구대 바닥에 가이드 라인을 그릴 수 있어야 한다.

공이 놓인 배치만 보아도 가이드 라인이 그려질 수 있도록 반복해서 연습을 해야 한다.

● 수구 포인트 2일 때

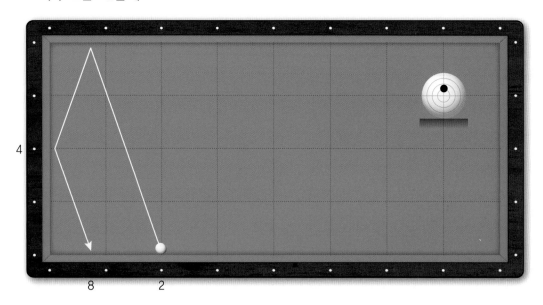

● 수구 포인트 2일 때

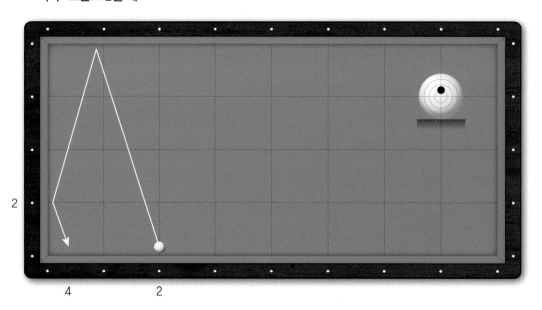

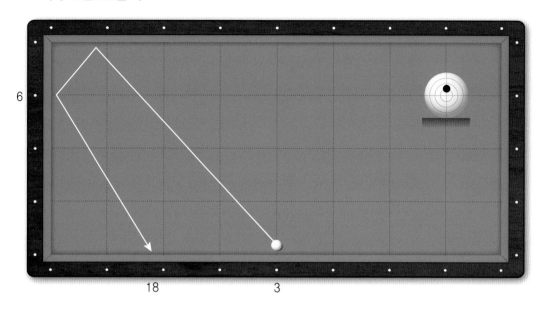

6

18   3

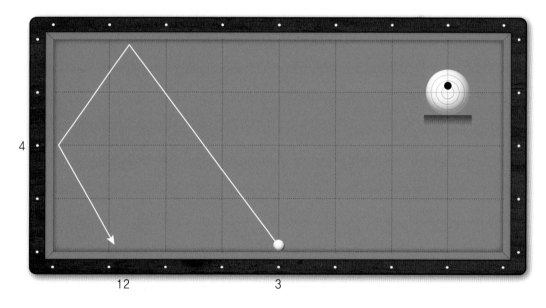

4

12   3

● 수구 포인트 3일 때

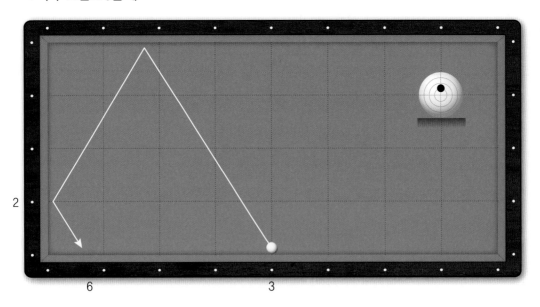

● 수구 포인트 4일 때

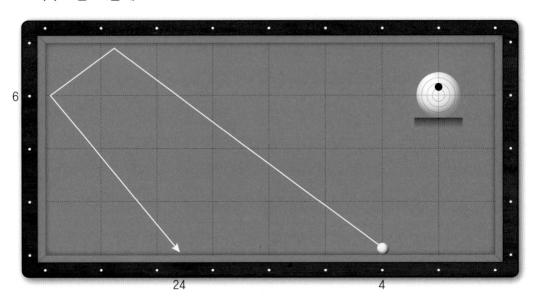

● 수구 포인트 4일 때

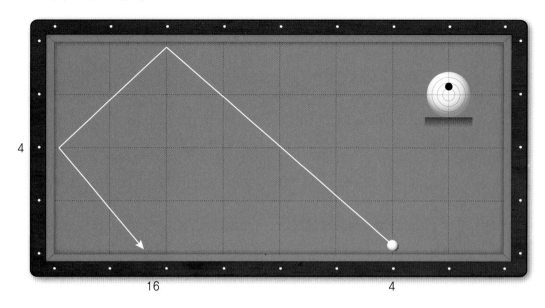

● 수구 포인트 4일 때

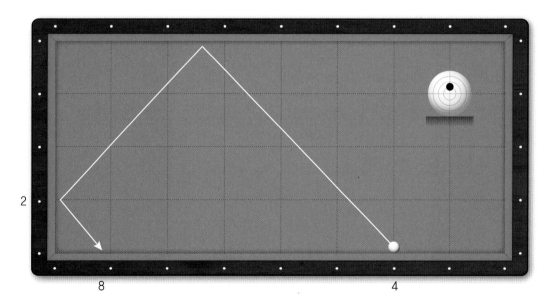

● 예제 1

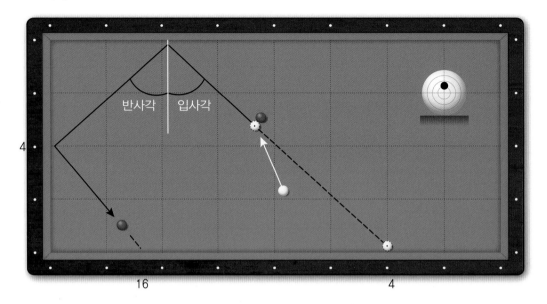

도착포인트가 16정도 된다. 수구가 제 1목적구를 맞히고 진행을 해야 하므로 제1목적구에 도착하는 순간의 가상의 수구위치에서 계산을 해야 한다.

수구 포인트 (4) × 2쿠션 포인트 (4) = 도착 포인트 (16)

● 예제 2

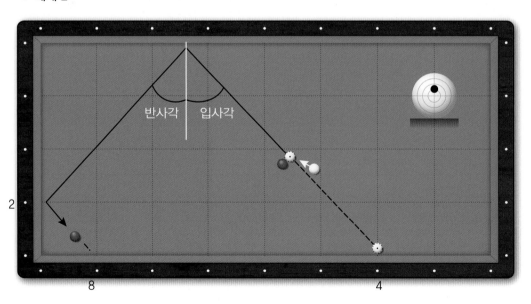

제1목적구의 왼쪽을 매우 얇게 맞혀서 득점을 할 수 있으나 목적구 두 개를 모두 코너 부근으로 모아서 연속득점을 하기 위하여 제1목적구의 오른쪽을 맞혀서 2쿠션으로 공략하는 모습이다.

수구 포인트 (4) × 2쿠션 포인트 (2) = 도착 포인트 (8)

계산은 간단하지만 입사각과 반사각을 측정하는 것이 숙달되지 않으면 오랜 시간을 허비하게 된다. 실전에서 적용할 수 있을 정도가 되려면 5초 이내에 모든 설계를 끝낼 수 있어야만 한다.

● 예제 3

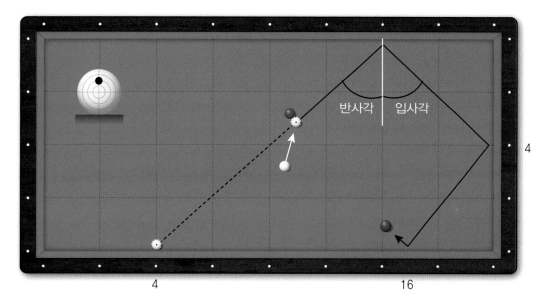

무회전 곱하기 계산법으로는 무회전으로 진행시키는 옆돌리기에서도 유용하게 사용할 수 있다. 먼저 도착지점을 결정하고 제1목적구와 접하는 이미지 볼을 기준으로 계산하도록 한다.

수구 포인트 (4) × 2쿠션 포인트 (4) = 도착 포인트 (16)

다시 말하지만 두 번째 쿠션에 정확하게 도착시키기 위해서는 입사각과 반사각을 같게 만들 수 있는 첫 번째 쿠션의 위치를 찾아내는 것이 매우 중요하다. 많이 반복연습을 하다 보면 자연스럽게 눈에 들어올 것이다.

순방향 회전의 2쿠션 측정법

수구가 순방향의 회전력을 가지고 진행할 경우의 두 번째 쿠션에서 세 번째 쿠션으로 진행하는 경로를 측정하기 위해서는 우선 기준이 있어야 한다. 몇 가지 기준을 외우고 있어야만 변형된 배치에서 응용을 할 수 있다. 수구 하나만을 가지고 뱅크 샷 (Bank-Shot)을 해보자. 수구가 코너에 위치해 있을 때에 단 쿠션의 2포인트에 도착시켜보자. 그리고 나서 두 번째 쿠션에서 세 번째 쿠션으로 진행하는 각도를 살펴보면 45도로 진행하는 것을 알 수 있다.

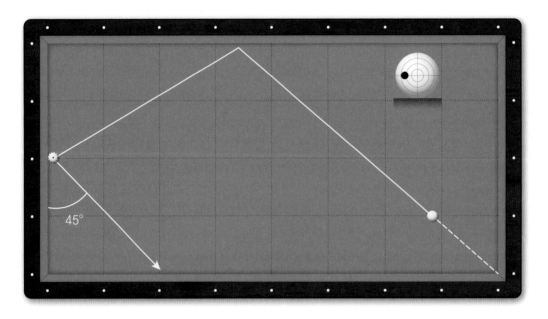

　이제 수구를 이동시켜서 단 쿠션의 2포인트에 도착시키면서 두 번째 쿠션에서 세 번째 쿠션으로 이동하는 각도를 관찰해 보자.

　수구가 장 쿠션 쪽에서 출발한다면 이동한 정도에 따라서 45도 보다 점점 작아질 것이고, 수구가 단 쿠션 쪽에서 출발한다면 이동한 정도에 따라서 45도 보다 커지는 것을 알 수 있을 것이다.

　진행하는 경로를 억지로 포인트에 수치를 부여해서 계산법을 만들 수 있겠으나 수치를 익히는 것보다는 두 번째 쿠션에서 세 번째 쿠션으로 진행하는 각도를 눈에 익히는 것이 감각적인 당구실력 향상에 훨씬 도움이 될 것이다. 자신의 회전력을 알고 느낌으로 각도를 읽을 수 있기 위해서는 많은 시행착오를 경험하는 연습을 해야만 한다.

대부분의 독자들은 연습하기를 싫어한다. 몇 번만 쳐봐도 놀라운 사실들을 경험할 수 있는데도 노력은 하지 않고 남들이 수많은 연습과 연구로 알아낸 방법들을 무작정 가르쳐 달라고만 한다. 두 번째 쿠션의 도착지점마다 세 번째 쿠션으로 진행하는 경로의 다양한 변화를 관찰할 수 있을 것이다.

필자는 이런 진행을 수구의 위치와 2쿠션의 도착지점마다 규칙적이지 않기에 이 모든 것을 통합해서 간단하게 알아낼 수 있는 계산법을 만들 수 없었다. 하지만 각 두 번째 쿠션의 위치만 따로 분리를 해서 관찰해본 결과, 나름대로 정리를 할 수 있었다.

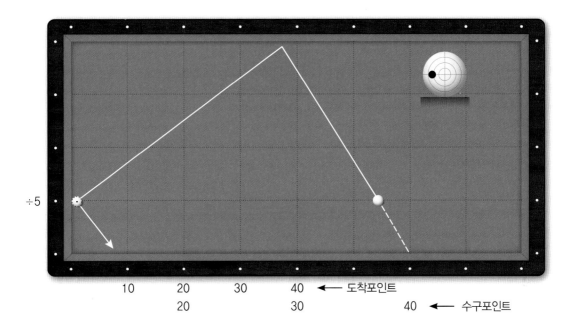

좌측하단의 첫 번째 포인트를 ÷ 5 포인트로 정하였다. 이유는 수구 포인트를 5로 나누면 세 번째 쿠션의 도착지점과 동일하기 때문이다.

수구포인트 (40) 2쿠션포인트 (÷ 5) = 도착포인트 (8)

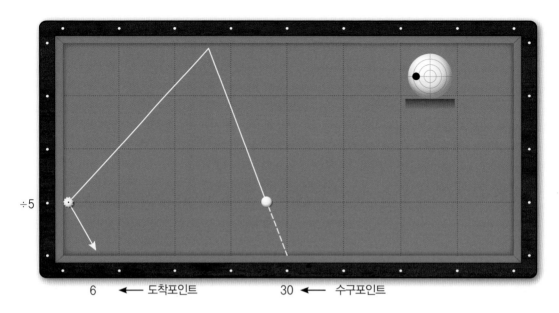

÷5

6 ← 도착포인트   30 ← 수구포인트

수구포인트 (30) 2쿠션포인트 (÷ 5) = 도착포인트 (6)

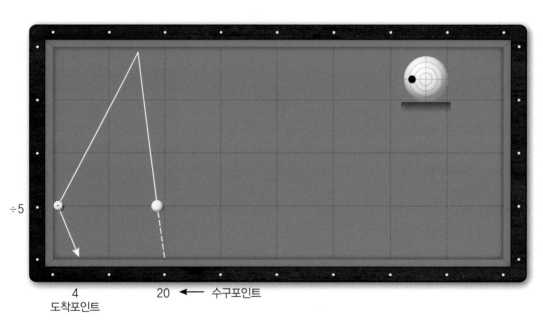

÷5

4
도착포인트   20 ← 수구포인트

수구포인트 (20) 2쿠션포인트 (÷ 5) = 도착포인트 (4)

6 ←

이번에는 두 번째 쿠션의 가운데 포인트에 도착시켰을 때를 살펴본다. 수구가 코너에서 출발했을 때에는 두 번째 쿠션에서 세 번째 쿠션으로의 진행이 45도이지만 수구가 수구 포인트 40이하에서 출발하면 45도 보다 작은 각도로 진행하게된다.

나름대로 정리를 하기 위해서 계산법을 만들다 보니 ÷ 2 − 2라는 산수를 하면 도착 포인트와 일치하였다.

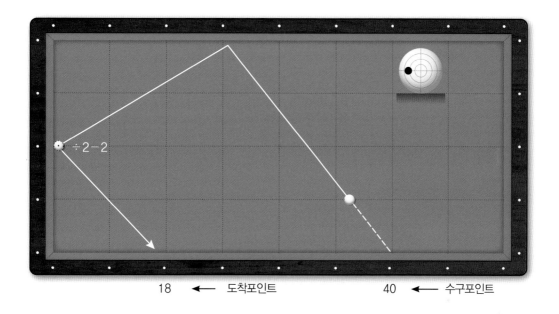

18 ← 도착포인트   40 ← 수구포인트

수구포인트 (40) 2쿠션포인트 (÷ 2 − 2) = 도착포인트 (18)

계산방법이 복잡해지면 실전에서 적용하기도 번거롭고 힘들게 된다. 필자가 구태여 산수를 해가며 계산법을 소개하는 이유는 연습과 연구를 하지 않고 남들이 정리해 놓은 방법들만 알아두면 당구가 갑자기 엄청나게 발전할 수 있을 것이라는 착각을 하는 독자들 때문이다. 많은 경험을 통하여 '입사각이 이런 정도로 진행을 하게 되면 두 번째 쿠션에서 어느 정도의 각도로 진행을 하겠구나!' 라는 것을 깨우치고 느껴야만 발전할 수 있다.

연습을 하지 않고 계산하는 방법을 찾기만 한다면 자신의 회전력도 모르게 되고 계산에 의한 가이드 라인에다 끼워 맞추기 위해 노력을 하게 된다. 이렇게 된다면 공만 예쁘게 살살 굴리는 '바보'가 된다. 세게 또는 약하게도 구사할 줄 알아야 하고, 어떤 때에는 때려서 어떤 때에는 굴려서 구사할 수도 있어야 한다. 필자도 한때 다양한 계산법에 빠져 허우적거린 때가 있었다.

시스템이라는 것을 하나씩 알아갈 때마다 '당구는 이렇게 치는거구나'라는 착각에 빠지기 시작을 했다. 그렇게 시간이 흐르면서 고수들에게 듣는 말은 '쟤는 당구가 죽었어!'라는 말이었다.

그럴 수 밖에 없는 이유는 속도의 강약조절과 회전량의 조절능력은 어느새 사라졌고, 조금만 기본 배치에서 변형된 배치가 놓이면 해결 능력이 없었기 때문이었다. 또한 틀에만 끼워 맞추는 계산법에 의존하다 보니 난구해결능력도 없었다.

절대로 계산법을 당구의 구세주를 만난 것처럼 맹신하면 안된다. 참고용으로 점검용으로만 사용해야 한다. 계산법 보다는 당구대 바닥에 선을 그릴 줄 아는 능력을 길러야 한다. 그러기 위해서는 지금 초보자 단계에서 수구의 생소한 진행을 눈여겨 관찰하면서 가장 기본적인 요소들(자세, 큐걸이, 두께, 당점)을 탄탄하게 만들어야 한다.

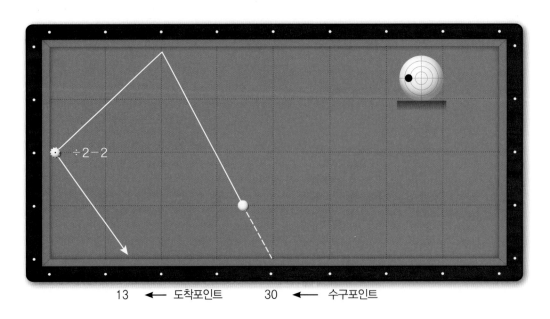

13 ← 도착포인트   30 ← 수구포인트

수구포인트 (30) 2쿠션포인트 (÷ 2 − 2) = 도착포인트 (13)

이번에는 좌측 상단의 첫 번째 포인트에 도착시켰을 때를 관찰해보자. 먼저 도면을 보고 공통점을 찾아내 보기 바란다.

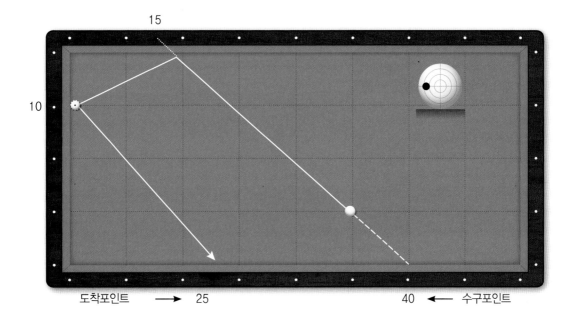

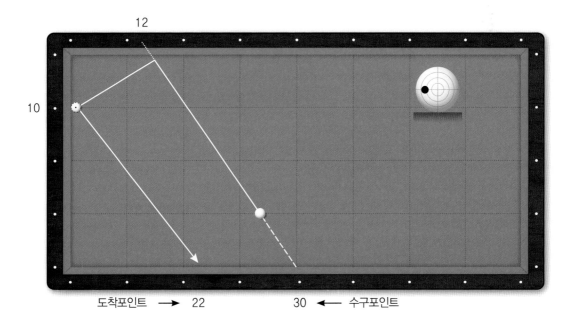

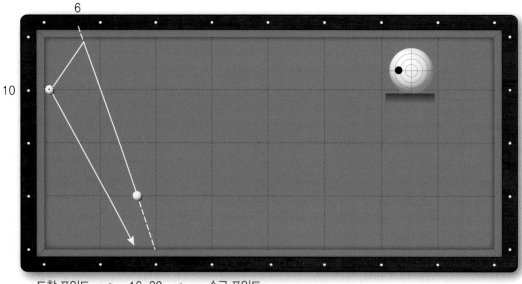

도착 포인트 ───▶ 　16　20　◀─── 수구 포인트

　수구 포인트 40일 때는 첫 번째 쿠션의 15정도 맞혀야 두 번째 쿠션을 좌측상단의 첫 번째 포인트에 보낼 수 있다. 수구 포인트가 30일 때는 첫 번째 쿠션의 12, 수구 포인트가 20일 때는 첫 번째 쿠션의 6정도에 보내야만 두 번째 쿠션을 좌측상단의 첫 번째 포인트에 도착시킬 수 있다. 물론 수구를 최대 회전으로 충격을 주면서 샷을 한다면 각도를 더 많이 만들어 낼 수 있지만 수구가 목적구를 맞히고 진행한다는 것을 고려했을 때 그런 샷으로 구사한다는 것은 속도와 충격량에 다양한 변화를 보이므로 매우 혼란스러울 것이다. 어떤 공통점을 발견하였는가?

　필자는 연습을 하고, 그림을 그리면서 기록하고 관찰을 하다 보니 첫 번째 쿠션의 수치에 10을 더하면 도착 포인트와 일치한다는 것을 알게 되었다. 그렇다면 두 번째 포인트에 임의로 10을 부여하고 계산법을 만들 수 있다.

도착포인트 = 2쿠션포인트 (10) + 출발포인트

　그리 어렵지 않으므로 이해가 되었으리라 생각한다. 실제로 구장에 가서 필자가 소개한 대로 진행을 하는지 테스트를 해보아야 한다. 당구대마다 조금씩 다르므로 얼마나 차이가 나는지를 파악하고 적응을 할 줄 알아야 한다.

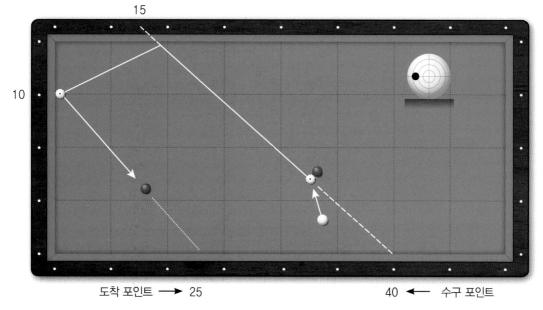

수구만을 놓고 연습할 때와는 다르게 계산도 빨리 안 될 것이고, 계산보다 더 중요한 것은 자신이 생각하는 첫 번째 쿠션에 정확하게 보낼 수 있어야 한다는 것이다.

계산이 다 되었으면 먼저 분리각을 생각하고 왼쪽회전이 주어 졌으므로 스쿼트(Squirt) 현상이 발생할 것을 감안해서 생각하는 두께보다 오조준(誤照準)해야 한다. 마지막으로 속도는 얼마나 빠르게 또는, 느리게 구사할 것인지를 결정하고 모든 결정이 확신이 선다면 시도해 보자. 단 한번에 성공할 수 있어야 한다.

실전에서는 두 번의 기회를 주지 않으므로 연습을 실전처럼 하는 습관을 길러야한다.

● 예제 2

다음 문제는 3쿠션으로 성공을 시켜야 하는 문제이다. 속칭 엄브렐러 샷(Umbrella-Shot)이라고도 하는데, 수구가 진행하는 경로가 우산 모양 같다고 해서 붙여진 이름이다. 4구 경기에서는 마지막에 3쿠션을 성공시켜야 할 때에 가끔 이런 배치를 만나게 되는데 지금까지 연습한 방법으로 시도를 하여보자. 첫 번째 쿠션이나 두 번째 쿠션의 어디에 수구를 진행시켜야 할지 아무것도 모르고 시도하는 것과는 다르게 자신감이 생길 것이다.

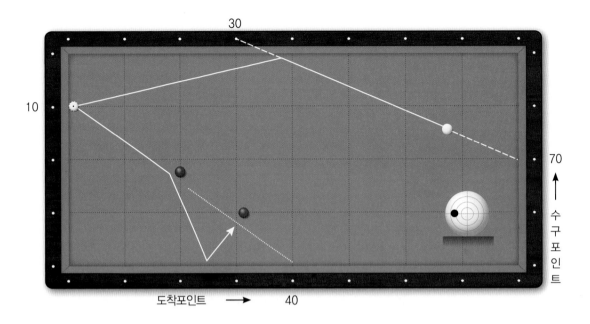

도착포인트 (40) = 2쿠션포인트 (10) + 출발포인트 (30)

지금까지 두 번째 쿠션에서 세 번째 쿠션으로 진행하는 경로를 예상할 수 있는 측정법을 도면과 예제로 설명하였다.

이제 다양한 2쿠션 득점을 경험하여 보자. 각도를 잴 때에 조금만 신경을 쓴다면 그리 어렵지 않게 성공할 수 있을 것이다. 시간이 좀 걸리더라도 수구의 진행경로를 확실히 읽어낼 수 있도록 각을 꼼꼼히 재는 습관을 들여야 한다.

2쿠션으로 맞히기

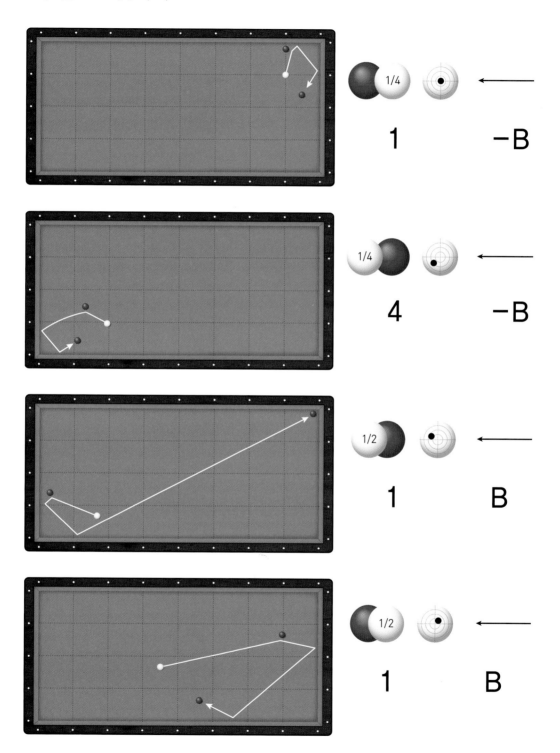

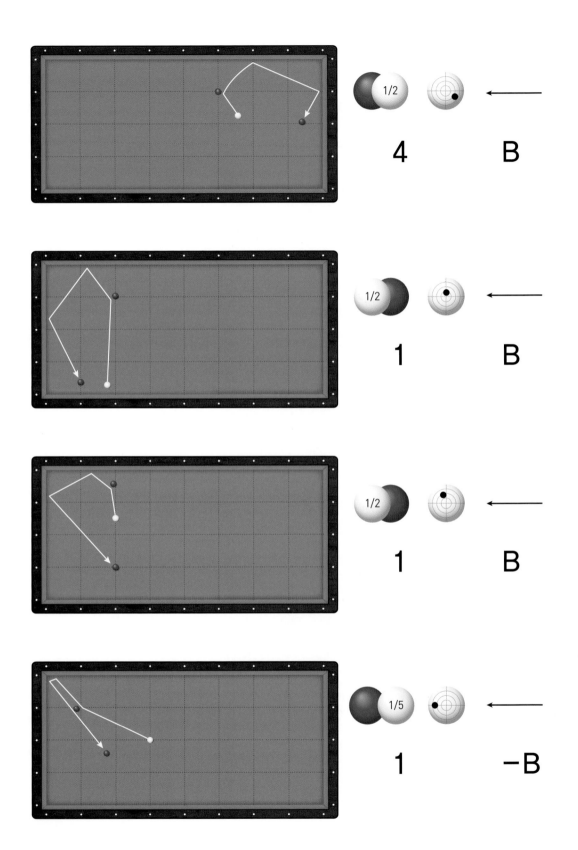

4   B

1   B

1   B

1   −B

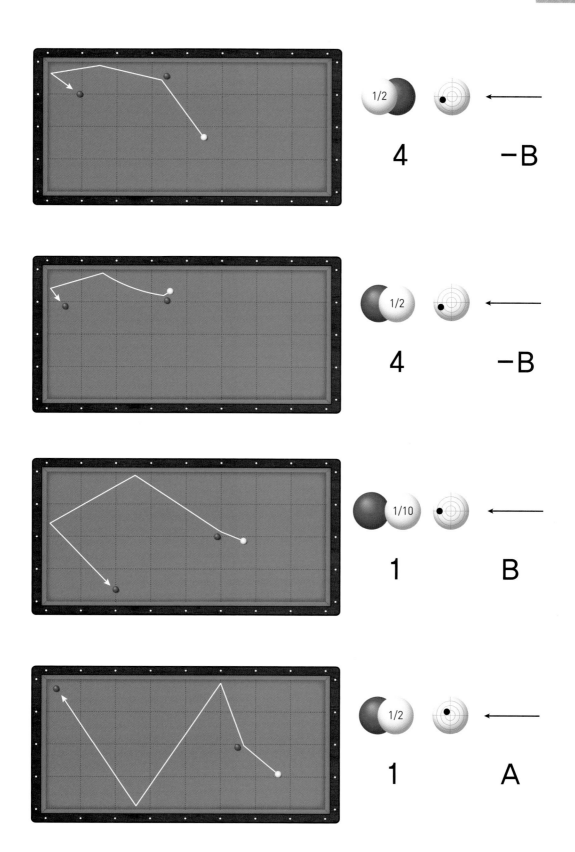

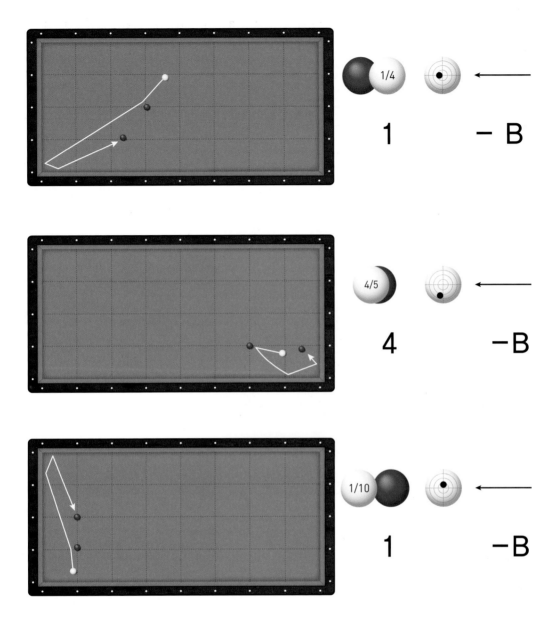

2쿠션으로 득점에 자신감이 생긴다면 득점에만 연연하지 말고 두 개의 목적구를 모아서 연속득점을 할 수 있도록 두께와 당점의 변화를 주면서 시도해 보자. 득점만을 생각할 때 와는 다르게 많이 어려울 것이다. 그래서 당구가 재미있는 것이 아닌가!

참고자료 http://cafe.naver.com/levelupbilliard/232

다양한 2쿠션 모아치기

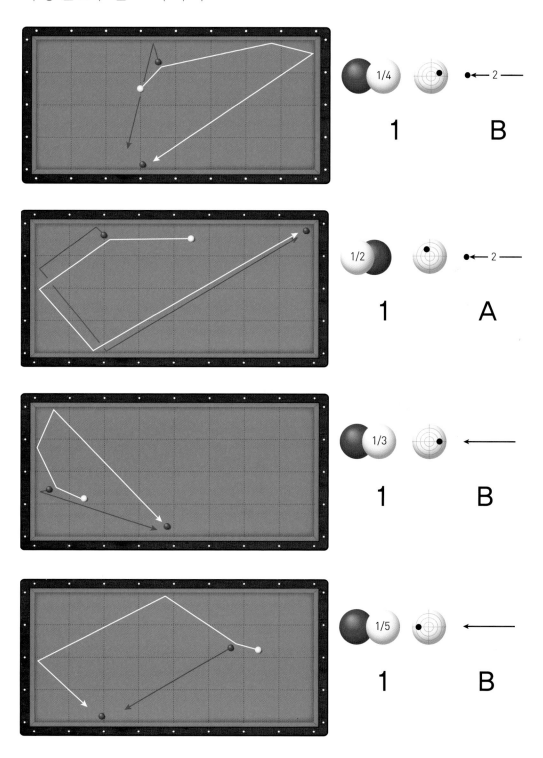

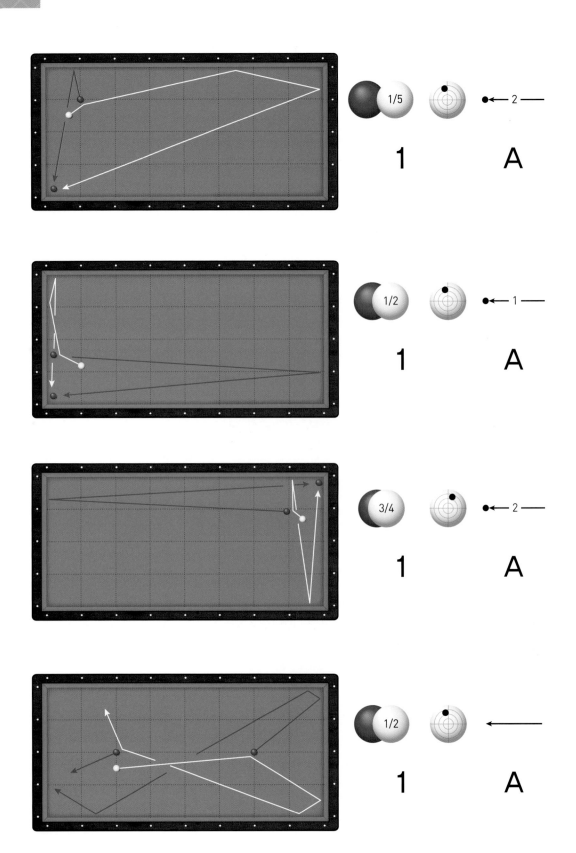

앞에서도 말한 바와 같이 단지 득점만을 위한 공략이 아니라 기왕이면 두 개의 목적구를 모아서 연속득점을 할 수 있어야 한다.

어떠한 배치를 놓고 처리하는 방법은 한 가지만이 아니다. 상단회전을 사용할 수도 있고 하단회전을 사용할 수도 있다. 또 순방향 회전을 사용할 수도 있고 역방향 회전을 사용할 수도 있다. 물론 무회전을 이용할 수도 있는 것이다.

목적구가 두 개이므로 꼭 한쪽 공을 먼저 맞혀야 되는 것도 아니다. 이쪽 공을 먼저 선택할 수도 있고 저쪽 공을 먼저 선택할 수도 있는 것이다. 똑같은 배치를 가지고도 처리하는 방법은 엄청나게 많지만 수지가 낮은 하수일 수록 다양하게 알지 못한다.

그래서 고수들의 경기하는 모습을 많이 보고 배워야 하고, 눈높이를 향상시킨 후에는 반드시 연습을 통해서 자신이 실전에서 구사할 수 있어야 한다.

지금까지 직접 맞혀서 득점하는 법과 1쿠션으로 득점하는 법, 2쿠션으로 득점하는 법을 공부하였다. 이제 지금까지 연마한 실력을 바탕으로 3쿠션 이상으로 득점을 시켜 보자.

4구 경기에서 3쿠션의 경로를 선택해서 공략을 한다는 것은 특별한 이유가 있어야 한다. 끌어치기나 밀어치기, 1쿠션이나 2쿠션으로 성공시킬 수 있는 배치를 단순히 '맞추기 편해서', 혹은 '상대방에게 과시하기 위해서'라는 이유로 선택을 한다면 아까운 이닝을 버리는 결과를 초래하게 된다. 자신의 자만과 무지로 인해 경기를 패하는 결과가 발생한다는 뜻이다.

3쿠션으로 득점을 하기 위해서는 수구가 세 번째 쿠션을 맞고 네 번째 쿠션의 어디로 진행을 하는지를 알아야 한다. 앞에서 무회전이나 순방향 회전력으로 2쿠션을 진행시켰을 때에 세 번째 쿠션을 맞고 어디로 진행하는지를 눈 여겨 관찰한다면 막연하기만 하던 3쿠션의 진행경로가 어느 정도 예상이 될 것이다.

수구가 2쿠션으로 진행하는 각도를 예상할 줄 알면 조금 더 오래 관찰하여 세 번째 쿠션에서 네 번째 쿠션으로 진행하는 경로를 익히자.

다양한 3쿠션 모아치기

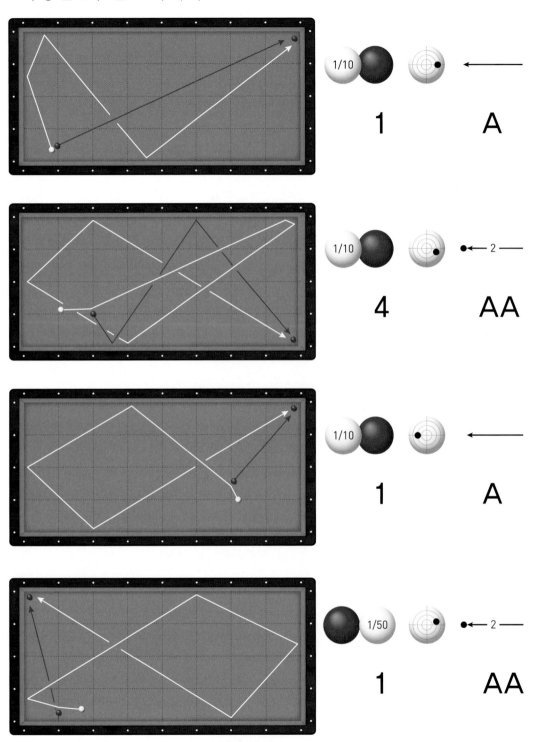

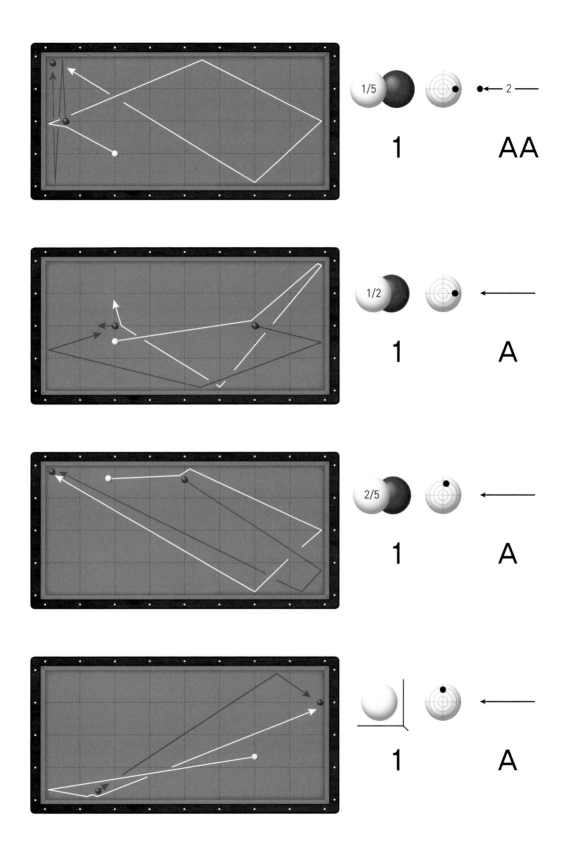

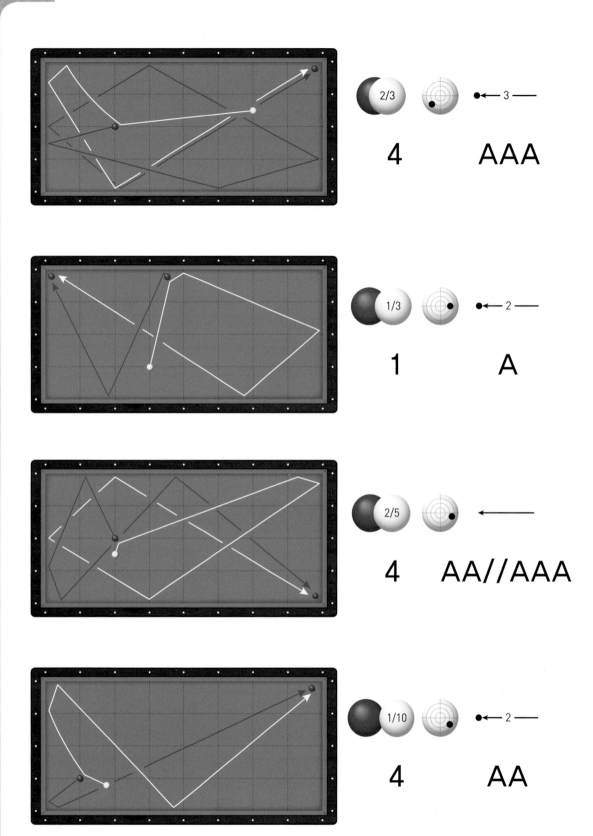

4   AAA

1   A

4   AA//AAA

4   AA

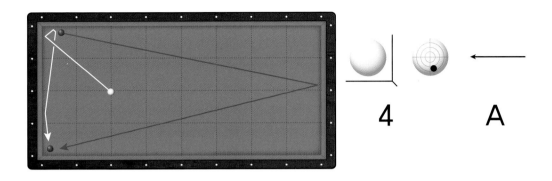

참고자료 http://cafe.naver.com/levelupbilliard/241과 263, 282

직접 목적구 두 개를 모두 맞추는 것도 아니고 쿠션을 이용하여 득점을 하면서 두 개의 목적구를 모은다는 것이 쉬운 일은 아니다. 많은 연습량이 있어야 하고 무조건 많이 쳐본다고 되는 것도 아니다. 하나하나 꼼꼼하게 생각하고 결정하여 실패했을 때에는 무엇이 원인인지를 알아낼 수 있어야 한다. 생각하고 연구해야 한다. 두께, 당점, 충격량, 속도를 기가 막히게 조율해야지만 득점을 할 수 있고 모을 수도 있다.

지금까지 한 큐에 목적구 두 개를 모을 수 있는 거의 모든 방법을 소개하였다. 머릿속에 모든 도면이 외워져 있어야 하고, 꼭 그 위치가 아니더라도 비슷한 배치가 놓이면 생각이 나야 한다.

직접 모아치기, 1쿠션, 2쿠션, 3쿠션 모아치기의 도면 74가지를 모두 외우고 있다면 4구 경기에 대한 엄청난 자신감이 생겼을 것이다. 이 74개의 모아치기 방법을 기본으로 2단 모아치기, 3단 모아치기를 해보자.

2단 모아치기는 떨어져있는 두 개의 목적구를 2번의 시도로 모으는 것을 말하고, 3단 모아치기는 3번의 시도로 모으는 것을 말한다. 이런 흐름은 경기를 운영하는 능력 또한 길러지므로 반복을 거듭하면서 연습을 해야 하고, 생각대로 잘 되지 않았더라도 끈기를 가지고 포기하지 않는 집중력을 가져야 한다.

2단 모아치기

앞에서 말한 바와 같이 2번의 시도로 두 개의 목적구를 모으는 방법이다. 이런 유형 (Pattern)들은 반드시 외우고 있어야 하고, 다음 배치가 어떻게 될 것인지를 예상하는 습관을 들여야 한다.

● **유형 1**

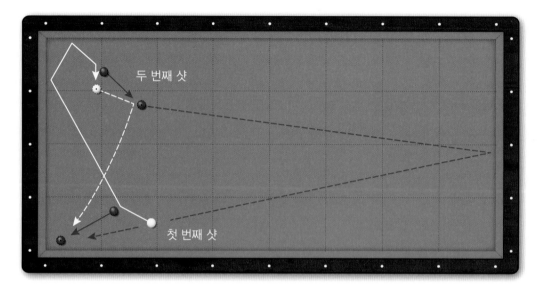

첫 번째 시도는 실선으로 표시하였고, 두 번째 시도는 점선으로 표시하였다. 첫 번째 시도는 제1목적구의 두께를 얇게 결정하여 2쿠션으로 제2목적구를 맞혔다. 이때 1점 득점에만 연연하여 확실하게 맞히기 위해 세게 친다면 연속득점이 어려워지지만 수구의 속도를 조절하여 제2목적구를 아주 약하게 맞힌다면 끌어서 모아치기를 할 수 있는 배치가 만들어질 것이다.

2단 모아치기는 생각해보면 너무 간단하다. 한번 맞혀서 득점을 하고, 수구와 목적구의 다음 배치를 74가지 유형들 중에 하나의 유형을 만들면 된다. 두 번째 시도에서 실수 없이 득점을 하면 2단 모아치기인 것이다.

● 유형 2

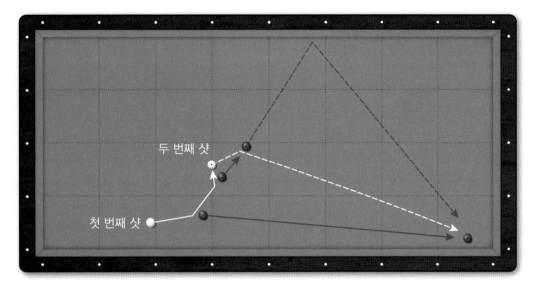

첫 번째 샷
두 번째 샷

　　아래쪽에 놓인 빨간 공을 수구로 얇게 맞혀 득점을 할 수 있으나 그렇게 시도한다면 제
2목적구가 멀리 달아나는 경험을 하게 될 것이다. 첫 번째 시도에서 제1목적구를 두껍게
결정하여 제1 목적구를 코너로 보낸다. 이때 두껍게 친다고 해서 세게 구사하지 않도록 하
는 것이 중요하다.

　　수구가 느리게 진행하면서 제2목적구를 맞히고 나서도 멀리 떨어지지 않도록 힘 조절
을 한다면 다음 배치는 모아치기를 할 수 있는 아주 좋은 기회를 맞이하게 된다.

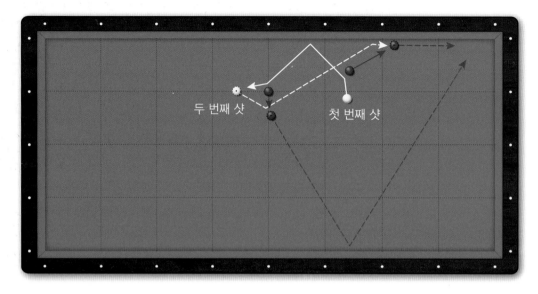

두 번째 샷   첫 번째 샷

　입사각과 반사각을 측정할 줄 아는 사람이라면 누구나 쉽게 득점에 성공할 수 있는 배치이다. 하지만 눈앞의 1점만을 생각하고 시도를 한다면 연속득점은 생각할 수도 없이 두 개의 목적구는 당구대의 끝과 끝에 위치하게 될 것이다.

　1쿠션으로 득점을 할 때에 수구가 제2목적구를 정면이나 오른쪽을 맞히지 않도록 좀더 신경을 써서 제2목적구의 뒤쪽을 맞히도록 해보자. 수구가 제2목적구를 맞히고 뒤로 빠져 나오면서 모아치기를 시도할 수 있는 좋은 배치가 만들어질 것이다.

　모아치기를 할 수 있느냐 없느냐는 아주 조금의 생각을 더 하느냐 못하느냐의 차이이다. 평소에 두껍게 치던 배치를 얇게 시도해 보고, 얇게 치던 배치를 두껍게도 시도해 보자. 지금까지 나만의 생각으로 고정관념에 벗어나지 못했던 이유들 때문에 더 이상의 발전이 없는 것이다.

　고수들은 '나와 무엇이 어떻게 다른가?'를 생각해 보아야 한다. 막연하게 그 동안 돈을 많이 들였으니까 잘 치는 것이 아니다. 나와는 다르게 조금 더 생각하고 더 많이 고민하고 나보다 몇 배나 많이 연습을 했기 때문에 고수인 것이다.

　여기서 중요한 사실은 많이 생각하고 고민은 하는데 연습을 안한다면 '주워들은 것만 많은 하수'에서 벗어날 수 없다는 것이다.

모든 분야에서 마찬가지일 것이다. 같은 생각을 가지고 있지만 그 생각을 실천에 옮기느냐 안 옮기느냐에 따라 고수가 되느냐 영원한 하수로 머물러있느냐가 결정이 될 것이다.

● **유형 4**

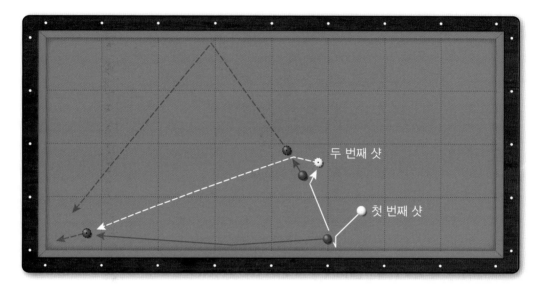

첫 번째 시도에서 제1목적구를 얇게 맞혀 1쿠션으로 득점을 할 수 있다. 이때 많은 사람들이 'TV에서 선수들이 이렇게 치더라' 그러면서 2쿠션, 혹은 3쿠션까지도 이용해서 시도를 한다. 필자가 수강생들에게 입버릇처럼 하는 말이 '실전에서 연습하지 말라'는 말이다. 위의 배치에서는 절대로 빠르게 구사하면 안 된다는 것을 명심해야 한다. 수구가 제2목적구에 간신히 도착할 수 있을 정도로 느린 속도로 구사하면 성공률도 높아지고 다음 배치 또한 자신이 의도한대로 진행될 것이다.

놀기위해 당구를 치는 사람은 교재를 사서 볼 필요도 없고, 필자의 충고도 들을 필요가 없다. 하지만 발전하고 싶은 독자들은 필자의 쓴소리와 충고를 꼭 받아들여야만 한다.

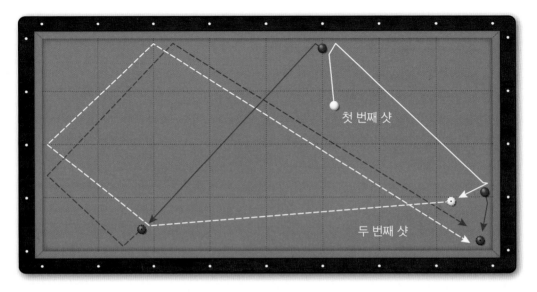

앞의 유형들에서 어떤 공통점을 느꼈는가? 전에는 아무 생각없이 득점에만 연연하여 너무 과한 속도로 시도를 했었기 때문에 다음 배치가 당구대의 어디에 어떤 형태로 세워질지 예상을 할 수 없었지만, 2단 모아치기의 유형들을 연습하면서 지금까지 과하게만 시도하던 배치를 꼼꼼하고 정확하게 천천히 맞히기만 하면 오히려 더욱 쉽게 연속득점을 할 수 있다는 것을 알았을 것이다.

이번 유형 5 또한 마찬가지다. 엄청나게 힘을 빼고 수구가 제2목적구를 간신히 맞힐 정도로만 구사해보자. 다음배치는 2쿠션을 이용하여 한번에 모을 수 있는 좋은 기회가 주어질 것이다.

두께조절과 힘 조절이라는 것은 오랜 경험에서 나오는 감각이다. 전 세계에서 어느 누구도 두께를 컴퓨터처럼 원하는 만큼 실수없이 맞힐 수 있는 사람은 없고, 힘 조절 또한 기계처럼 한결같이 구사할 수 없다.

쉬운 예로 이제 막 큐를 잡은 사람에게 아주 얇게 맞혀보거나, 정면으로 맞혀보라고 한다면 그 초보자가 성공시킬 수 있겠는가? 마찬가지이다. 같은 배치를 놓고 수지 150점에게 쳐보라고 하고, 수지 300에게 쳐보라고하면 누가 더 정확하게 득점을 하고 힘 조절을 잘하겠는가? 원하는 두께를 맞힌다는 것과 힘 조절은 평생을 연습해도 완벽할 수 없는 것이기에 당구가 어려울 수 밖에 없는 것이고 세계적인 선수들도 끝없이 노력하는 것이다.

3단 모아치기

3단 모아치기는 1점을 득점하고 난 뒤 2단 모아치기의 유형을 만들어서 3번의 시도로 두 개의 목적구를 모으는 방법이다. 2단 모아치기의 유형(Pattern)들을 외우고 있어야만 3단 모아치기를 시도할 수 있음을 반드시 기억해야 한다.

3단 유형 1

● **첫 번째 샷**

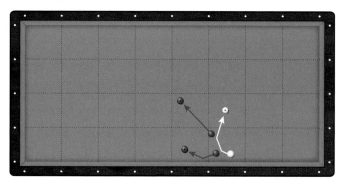

평범하게 득점을 할 수 있다. 단, 세게 쳐서 두 개의 목적구가 너무 많이 이동하지 않도록 하면서 2단 모아치기의 유형을 만든다.

● **두 번째 샷**

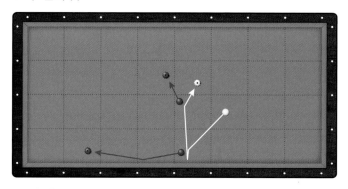

제1목적구의 왼쪽을 맞히고 1쿠션으로 제2목적구를 맞힐 수 있도록 한다. 마찬가지로 세게 쳐서 제2목적구가 멀리 이동하지 않도록 하는 것이 중요하다.

● **세 번째 샷**

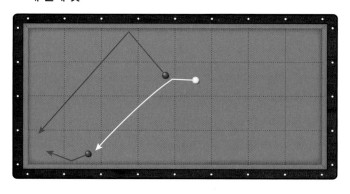

두 번째 샷을 했을 때의 제2목적구를 제1목적구로 한다. 두께를 얇게 정하고 하단회전력으로 끌어서 득점을 하면 코너부근에 두 개의 목적구를 모두 모을 수 있다.

3단 유형 2

● 첫 번째 샷

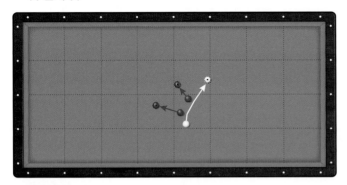

제1목적구 뿐만 아니라 제2목적구도 얇게 스치면서 맞힐 수 있도록 두께를 정교하게 결정하여 아주 느리게 구사한다.

● 두 번째 샷

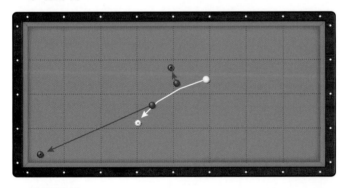

제1목적구를 아주 얇게 맞혀서 많이 움직이지 않도록 하고, 제2목적구는 두껍게 맞혀서 코너로 이동 시킨다.

● 세 번째 샷

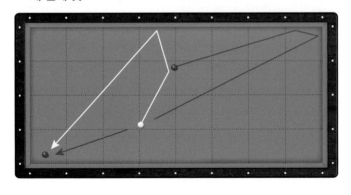

당구대 중앙의 목적구를 2쿠션으로 진행시켜서 제2목적구 방향으로 내려올 수 있게 한다.

한 번, 두 번 모을 수 있는 배치를 세 번, 네 번 작업을 하는 이유는 당구대의 중앙보다는 쿠션이나 코너쪽으로 모으기 위해서이다. 쿠션이나 코너 쪽은 목적구가 많이 이동할 수 없기 때문에 대량으로 득점을 할 수 있으므로 중앙보다는 쿠션이나 코너로 모으는것이 바람직하다.

3단 유형 3

● **첫 번째 샷**

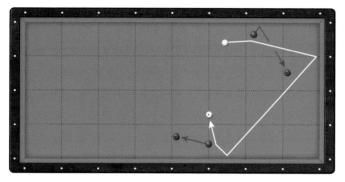

제1목적구가 많이 이동하지 않도록 얇게 맞히고 천천히 진행하여 제2목적구를 약하게 맞히도록한다.

● **두 번째 샷**

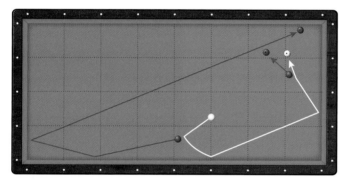

제1목적구를 충격을 최소화하면서 부드럽게 끌어서 코너로 이동할 수 있도록 하고, 수구는 천천히 이동하여 2쿠션으로 제2목적구를 살짝 맞히도록 한다.

● **세 번째 샷**

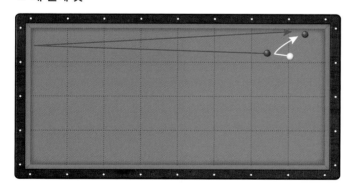

기본적인 모아치기 배치이다. 너무 강하게 끌어서 좋은 기회를 놓치지 말아야 한다. 이 한 번의샷으로 경기를 끝낼 수도 있다.

속도조절이 잘 된다면 두 번째 샷에서도 코너에 모을 수 있다. 두 번째 샷에서 확실하게 모으려면 1쿠션으로 득점하는 것이 훨씬 좋지만 에러를 할 확률이 높으므로 2쿠션으로 시도한 것이다. 1쿠션으로 맞힐 자신이 있다면 세 번째 샷까지 갈 필요 없이 과감하게 시도하자.

74가지의 모아치기 유형이 머릿속에 확실하게 외워져 있다면 두 개의 목적구가 어떻게 배치되어 있어도 3~4점의 득점을 하면 모을 수 있다. 앞에서 소개한 74가지보다 모을 수 있는 방법은 더 있지만(대략 100개정도) 74가지만으로도 확실하게 익혀둔다면 충분히 400점~500점까지 수지를 올릴 수 있으므로 꾸준히 외우고 연구하고 실습을 하면서 자기 것으로 만들기 바란다.

앞에서도 말했지만 모아치기는 당구대의 중앙에서 이루어지는 것보다 장 쿠션이나 단 쿠션 부근에서 이루어 지는 것이 좋고, 쿠션 부근보다는 코너 부근에 모이는 것이 훨씬 좋다.

두 개의 목적구 중에서 어떤 공을 제1목적구로 선택을 할 것인지가 고민이 된다면 득점 이후에 목적구가 어디로 진행할지 예상해보면 된다. 쿠션이나 코너부근에서 멀어질 것 같다면 다른 목적구를 선택하면 될 것이고, 이쪽 빨간공을 선택을 하거나 저쪽 빨간공, 어느 쪽을 선택을 해도 쿠션이나 코너에서 멀어질 것 같다면 우선 최대한 약한 속도로 득점하여 2단, 또는 3단 모아치기의 기회를 노려야 한다.

당구대의 구역

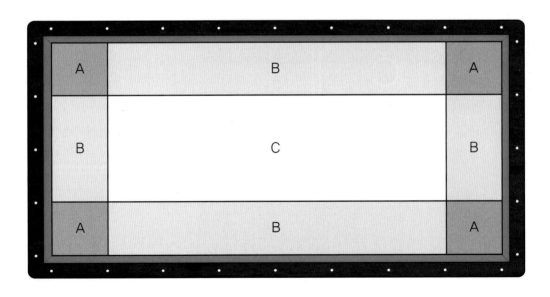

당구대를 공간을 여러 구역으로 나누어 보면 세 구역으로 나눌 수 있는데 당구대의 중앙
(C 구역), 당구대의 쿠션(B 구역), 당구대의 코너(A 구역). 이렇게 세 개의 구역으로 나
뉜다.

경기를 시작했을 때에 득점을 하면서 목적구의 이동 경로를 예상하여 C구역 보다는 B
구역으로 이동시키려고 애를 써야 하고, B 구역 보다는 A구역으로 모으려고 애를 써야 한
다. 또, A구역에 모인 목적구를 C구역으로 몰고 나오지 않으려고 신경을 쓰면서 경기에
임해야 한다.

목적구의 선택 1

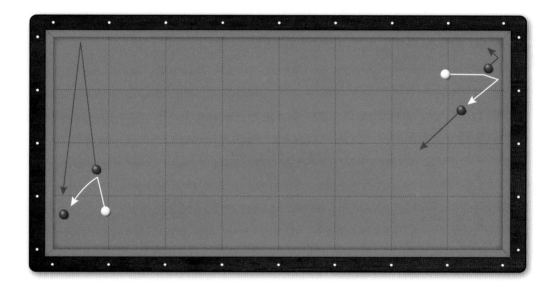

위 그림과 같은 배치를 처리할 때에 오른쪽 방법을 선택한다면 제1목적구는 A구역에 위
치시킬 수 있으나 제2목적구는 C구역으로 이동하게 된다. 물론 힘 조절을 하여 C구역으
로 이동한 공을 다시 모을 수는 있으나 한번에 좋은 배치를 만들 수 있는 기회를 여러 번
에 걸쳐서 경기를 한다면 그만큼 에너지를 낭비하게 되고 그런 과정에서 실수를 유발하게
된다. 왼쪽 방법처럼 B구역에 위치해 있는 목적구를 제1목적구로 하여 끌어치기를 한다
면 다시 A구역으로 모아서 다 득점을 할 수 있는 좋은 기회가 될 것이다.

목적구의 선택 2

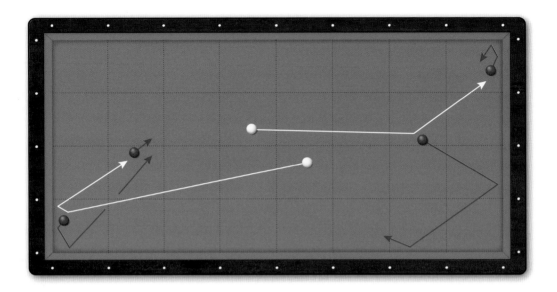

오른쪽 선택방법을 보자. 수지가 낮은 사람들은 당연히 이렇게 선택하는 것이 정석이라고 생각할 것이다. 게다가 쉬운 배치가 왔다고 좋아하면서도 1점으로 끝내고 자리로 돌아간다. 제1목적구는 1쿠션이나 2쿠션으로 B구역으로 진행할 것이고, 제2목적구는 살짝 맞아서 A구역에 머물 것이다. 두 개의 목적구가 A구역과 B구역에 있으니 잘 친 것이 아니냐고 생각할 수 있지만 C구역에 놓이게 되더라도 두 개의 목적구가 모여있는 것이 연속득점을 하기가 더 수월하지 않겠는가?

왼쪽 방법처럼 쿠션에 가까이 놓인 빨간 공을 제1목적구로 삼고 두께를 얇게 결정하여 1쿠션으로 득점을 시켜보자. 두 개의 목적구가 모두 C구역에 존재하게 되지만 두 공이 모이게 되어 연속득점이 가능하다.

목적구가 하나는 A, 또 다른 하나는 B나 C에 존재할 때에 A구역에 위치한 목적구를 빠져 나오지 않도록 하려는 생각을 많이 한다. 이럴 때에 B나 C구역에 위치한 목적구를 제1목적구로 결정한다면 원 샷(One Shot)에 두 공을 모을 수도 있다. 하지만 점점 더 많이 벌어지는 경우가 많다.

목적구의 선택 3

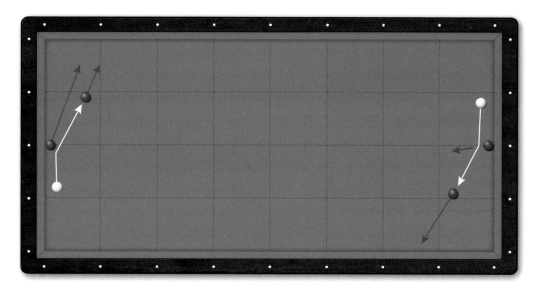

목적구가 쿠션에 붙어있으면 키스를 이용하여 시도하기도 하지만 위의 오른쪽 그림과 같이 두께를 얇게 하여 득점할 수 있다면 키스가 발생하더라도 약하게 키스가 나므로 최대한 얇은 두께를 맞혀서 득점을 하려고 한다. 물론 잘못된 시도는 아니지만 이렇게 처리를 한다면 두 개의 목적구 사이에 수구가 위치하면서 목적구가 벌어지는 결과를 낳게 된다.

왼쪽의 방법처럼 두께를 1/2 이상 결정하여 왼쪽회전으로 시도해 보자. 키스도 발생하지 않을 뿐 아니라 제1목적구가 앞으로 밀려서 진행하게 되므로 득점을 하게 되면 두 개의 목적구가 A구역으로 모이게 된다.

지금까지 얇게만 시도해야 한다는 고정관념을 벗어나서 목적구의 두께를 두껍게 시도하여 훨씬 좋은 결과를 만들어낼 수 있다는 것을 알 수 있다. 이런 방법들은 고수들의 경기를 많이 보아야만 알 수 있다. 매번 자신과 비슷한 사람들과 경기를 한다면 그 수준 이상의 것을 보고 배울 수 없기 때문이다. 많은 경기를 하는 것이 중요한 것이 아니라 누구와 경기를 하고 얼마나 연습을 하느냐에 따라서 자신의 실력이 향상되는 것이다.

참고자료 http://cafe.naver.com/levelupbilliard/1706과 1708

1쿠션

4구 경기보다 한 단계 더 어렵고 재미있는 경기로써 두 개의 목적구를 직접 맞히지 않고 최소한 1쿠션 이상으로 득점을 하여야 하는 경기이다. 3쿠션을 입문하기 전에 1쿠션 경기에 재미를 붙여 익숙해 진다면 3쿠션 실력을 탄탄하게 다질 수 있다. 국제 경기에도 있는 종목으로 유럽선수들이 강세를 보이고 있으며 특히, 벨기에(Belgium) 선수들이 체계적으로 훈련하고 있는 종목이다.

캐럼(Carom)종목에서 수구의 진행 각도를 배울 때에 많은 도움이 되므로 독자들도 4구 경기에 실증이 난다면 1쿠션 경기를 즐겨보기 바란다.

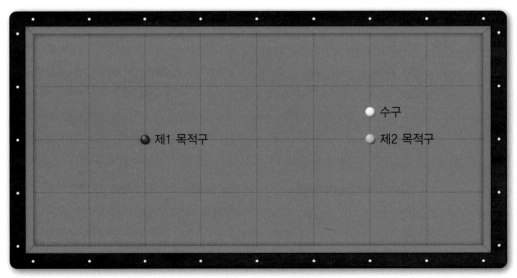

● 경기의 시작 (초구 세팅하는 법)

❶ 초구는 수구(흰 공이나 노란 공)로 공격하며 제1목적구(빨간공)를 먼저 맞히고 쿠션을 이용하여 제2목적구(노란 공)를 맞히는 것으로 시작한다.

❷ 두 개의 목적구중에 하나만 맞히면 무득점이 되며 공격권은 상대방에게 넘어간다.

❸ 아무것도 못 맞히거나 여러 경우의 파울을 했을 때에 벌점은 없고 공격권은 상대방에게 넘어간다.

❹ 자신의 수지만큼의 득점을 하면 마무리 없이 경기는 종료된다.

우리나라 동호인들은 벌점이 없는 경기는 있을 수 없다는 고정된 사고를 가지고 있다. 스누커를 제외한 국제대회의 어떤 당구종목에서도 벌점은 없다. 우리나라에만 있는 4구 경기에서 파울을 했을 때에 주어지는 벌점규정을 모든 종목에서도 적용을 하려는 생각 때문에 많은 잘못된 규칙들을 만들어 내곤 한다.

하수들에게 벌점은 단 1점이라도 엄청나게 부담되는 점수이지만 고수들에게는 무의미한 제도이다. 재미를 위해 만들어진 규칙이기도 하지만 하수들 보다는 고수들에게 유리한 규칙이므로 되도록이면 국제규정에 맞는 공정한 경기를 하기 바란다.

1쿠션 경기를 빨간 공을 두 개로 하여 총 4개의 공으로 할 수도 있으나 공 3개로 경기를 하는 것보다 훨씬 더 어렵고 수비위주의 경기가 될 수 있으므로 3개의 공으로 경기를 하는 것이 바람직하다고 하겠다.

1쿠션 경기라는 것이 생소할 수 있겠으나 직접 목적구 두 개를 맞히지 않는다는 것 이외의 득점방법은 4구 경기와 동일하므로 더이상의 설명은 하지 않겠다. 다양한 종목의 경기를 경험해 보면서 각 종목에서 사용되는 새로운 기술들을 익혀 자신의 당구실력을 한층 더 발전시키기 바란다.

인터넷에 많은 자료들이 올라와 있고 참고로 볼 수 있는 자료들도 많이 있다. 그 중에 프레드릭 쿠드롱(Frederic Caudron)의 One Cushion 시범 동영상을 참고로 한다면 많은 도움이 될 것이다.

참고자료 http://cafe.naver.com/levelupbilliard/2370

주시안(Fixating eye)

고정시안(固定視眼)이라고도 하며, 주로 사용하는 눈을 말한다. 사람은 성장을 하면서 두 개의 눈 중에 한쪽의 눈을 주로 사용하게 된다. 평소의 자세나 직업의 특성 때문일 수도 있고, 신체적인 이유 때문일 수도 있다. 필자가 만나본 사람들 중에 사물을 50 대 50으로 보는 사람은 한 명도 없었으나 분명히 그런 주시안을 가진 사람은 있다고 한다.

주시안이 보는 시각을 주안시(Dominant Eyesight)라 하는데 주안시 때문에 큐를 잘못 겨냥하는 경우가 생기게 되고, 이로 인해 원하는 두께를 못 맞추게 되는 결과가 발생하게 된다.

주시안이 어느 눈인지 확인 하는 방법은 간단하다. 두 눈을 뜨고 멀리 있는 물체나 장소를 손가락으로 가리켜 보자. 잘 가리켰다고 생각한다면 이제 한쪽 눈을 감아보자. 어느 쪽 눈으로 볼 때 손가락이 똑바로 가리키는지를 알 수 있을 것이다.

왼쪽 눈인지 오른쪽 눈인지 자신의 주시안을 확실히 알았을 것이다. 이제 두께를 조준할 때 어느 쪽 눈으로 보는 것이 더 정확한지 실험해 보고 실전에서 적용하여야 한다.

Test 1

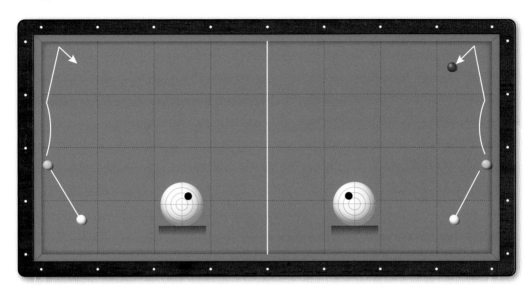

주안시로 인한 실수를 하는 대표적인 배치를 놓고 실제로 경험해 보도록 하자. Test 1의 배치는 흔히 말하는 2바운드 밀어치기의 대표적인 예이다. 제 1 목적구를 정면을 맞추는 것이 관건이지만 쉬워보이는 정면 맞추기가 왼쪽에서 시도할 때와 오른쪽에서 시도할 때가 완전히 다를 것이다.

독자들은 어느 쪽 방향에서 시도하는 것이 더 자신이 있는가를 확인하고 꼭 기억해야만 한다.

Test 2

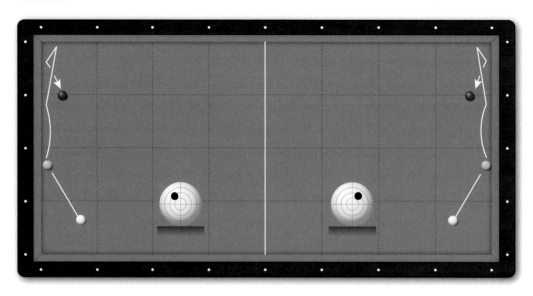

이번에는 같은 방향이지만 반대 회전으로 시도를 해 보자.

어떠한가? 같은 방향이라도 사용하는 회전에 따라서 생각과는 다르게 조준을 해야 한다는 경험을 할 수 있을 것이다.

우리는 정말 사소한 것을 놓치고, 그것 때문에 엄청난 결과가 나타난다는 것을 너무 모르고 있다.

3쿠션(3C)

사람들은 4구와 3쿠션, 포켓은 별개의 완전히 다른 종목이라고 말한다. 완전히 잘못 생각하고 판단하는 말이다. 쉬운 예로 3쿠션 선수들이 4구를 못 친다면 믿을 수 있는 말이겠는가? 반대로 생각해 보면 4구수지가 150 정도 되는 사람이 3쿠션 선수가 될 수 있겠는가? 3쿠션도 포켓도 4구 실력이 기본적으로 쌓여있지 않다면 절대로 발전할 수 없다. 세계적인 외국 3쿠션 선수들도 프리게임(Free-Game), 원 쿠션(One-Cushion), 버크라인(Balkline), 빠뜨리브레(Partie libre)같은 우리나라의 4구 경기와 비슷한 경기를 최고의 수준까지 연마를 하고 3쿠션에 입문을 한다. 독자들도 4구를 소홀히 생각하지 말고 탄탄한 기초를 마련하고 3쿠션으로 입문하기 바란다.

　4구 경기를 하다 보면 두 개의 목적구가 장 쿠션과 반대쪽 장 쿠션, 또는 단 쿠션과 반대쪽 단 쿠션에 벌어져 있어서 어쩔 수 없이 쿠션을 이용해서 득점을 해야 하는 경우가 많이 있다. 쿠션을 이용해서 득점을 할 때에 3쿠션이상으로 득점을 해야 하는 경우가 있는데 이렇게 3쿠션이상으로만 득점을 해야 하는 경기를 3구 또는 3쿠션(3C)이라고 한다.

❶ 초구는 수구(흰 공이나 노란 공)로 공격하며 제1목적구(빨간 공)를 먼저 맞히고 쿠션을 이용하여 제2목적구(노란 공)를 맞히는 것으로 시작한다.

❷ 두 개의 목적구중에 하나만 맞히면 무득점이 되며 공격권은 상대방에게 넘어간다.

❸ 아무것도 못 맞히거나 여러 경우의 파울을 했을 때에 벌점은 없고 공격권은 상대방에게 넘어간다.

❹ 자신의 수지만큼의 득점을 하면 마무리 없이 경기는 종료된다.

❺ 수구와 다른 공이 붙었을 때에 공격자가 원한다면 재 배치의 규정에 따라 두 공을 띄어서 배치한다.

수구와 빨간 공이 붙은 경우 – 수구는 초구 위치 가운데 빨간 공은 초구의 자기 위치
수구와 상대방 공이 붙은 경우 – 수구는 초구 위치 가운데 상대방 공은 당구대 중앙

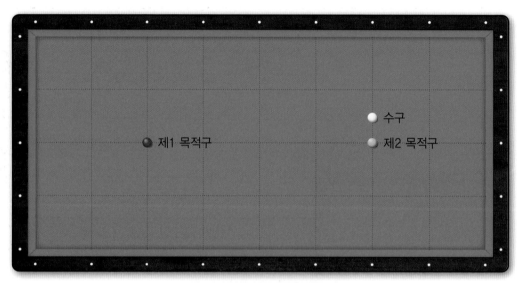

● 경기의 시작 (초구 세팅하는 법)

선공은 뱅킹(Banking)으로 가리며 뱅킹에서 이긴 사람이 초구를 놓고 시작한다. 이때 공격자는 수구(흰 공)를 왼쪽이나 오른쪽에 배치하고 시작할 수 있는 데 흰 공을 놓는 위치는 노란 공으로부터 1/2 포인트 만큼 띄어서 배치한다.

　뱅킹(Banking)–초구를 시작하는 2포인트 라인에서 정면의 단 쿠션으로 뱅크(Bank: 빈 쿠션치기)를 하여 몸 쪽의 단 쿠션에 가까이 붙이는 사람이 선공을 한다.

경기의 시작(초구 공략하는 법)

초구(Break-Shot)는 여러가지 경로로 시도할 수 있다. 장–단–장으로 진행하는 뒤 돌리기(일명: 우라 마오시), 단–장–단으로 진행하는 앞 돌리기(일명:오 마오시), 1뱅크, 2뱅크 등 다양하게 선택할 수 있으나 득점이 가장 쉽고 포지션플레이를 동시에 할 수 있는 장–단–장으로 진행시키는 것이 정석적이라 할 수 있겠다.

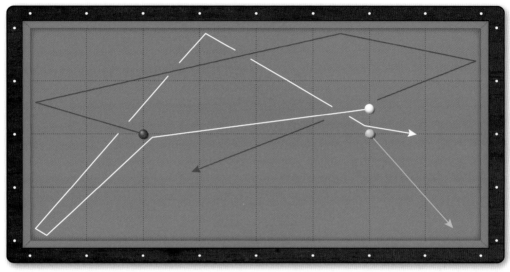

두 께 : 1/2   당 점 : 상단 1, 우 1.5 Tip   타 법 : ←
속 도 : A//AA   큐 기울기 : 1

공략하는 방법을 약식기호로 표기하였다. 앞에서 소개한 약식기호를 참고로 하여 이해하고 구사할 수 있도록 한다.

3쿠션의 다양한 경로

3쿠션으로 득점을 하기 위해서는 흔히들 말하는 '길'을 많이 알고 있어야 한다. 어떠한 경로로 시도를 하는 것이 성공률이 높은 방법인지를 판단할 줄 알아야 하고, 수구의 이동거리가 멀기 때문에 정확한 처리 방법 또한 수많은 연습을 통하여 익혀야 한다.

동호인들은 4구 경기보다 3쿠션을 많이 즐기지만 4구 경기보다 3쿠션을 더 대충치는 모습을 많이 본다. 3쿠션에서는 4구 경기보다 수구의 이동거리가 멀기 때문에 자신이 원하는 첫번째 쿠션의 위치가 5 cm만 잘못 도착이 되어도 세번째 쿠션에서는 30 cm이상 오차가 날 수 있으므로 4구 경기보다 더욱 정확하게 구사해야 함에도 불구하고 이런 정확성을 망각하고 세게 쳐야만 한다는 생각만으로 시도한다.

3쿠션은 힘 좋은 사람이 잘 할 수 있는 경기가 아니다. 정확하고 꼼꼼하게 기본 요소(두께, 당점, 스트로크, 속도)들을 준비하는 사람들이 잘 칠 수 있는 종목임을 명심해야 한다.

뒤 돌리기(장-단-장)

장-단-장-장 또는, 장-단-장-단으로 진행하는 경로를 말하며 초구(Break Shot)를 칠 때의 경로를 말한다. 3쿠션으로 시도할 때 많은 비중을 차지하는 경로이므로 다양한 배치의 뒤 돌리기를 경험해 보아야 실전에서 구사할 수 있으므로 많은 연습이 필요하다. 제1목적구와 수구의 진행방향이 교차 또는, 동선을 이루는 경우가 많으므로 키스를 염두 해야만 하지만 올바른 처리 방법을 찾아낸다면 대량의 연속득점을 할 수 있는 경로이다.

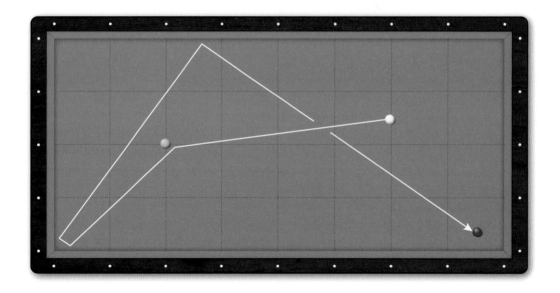

옆 돌리기(장-단-장)

장-단-장-장 또는, 장-단-장-단으로 진행하는 경로를 말하며 뒤 돌리기와 마찬가지로 3쿠션으로 시도할 때 많은 비중을 차지하는 경로이므로 다양한 배치의 옆 돌리기를 경험해 보아야 한다. 뒤 돌리기보다 키스가 발생할 확률은 적으나 특별한 배치에서는 키스를 피하기 어려우므로 이러한 배치들만 잘 기억한다면 실전에서 쉽게 구사할 수 있으므로 다양한 연습이 필요하다. 다른 경로도 마찬가지겠지만 원하는 두께를 정확하게 맞힐 줄 아는 연습을 집중적으로 하여야 하고 제1목적구의 움직임을 관찰하는 눈이 띄어 진다면, 제1목적구를 제어하여 포지션플레이를 할 수 있으므로 연속득점을 할 수 있는 좋은 경로이다. 그러므로 실수없이 득점에 성공 할 수 있는 많은 연습을 하여야만 한다.

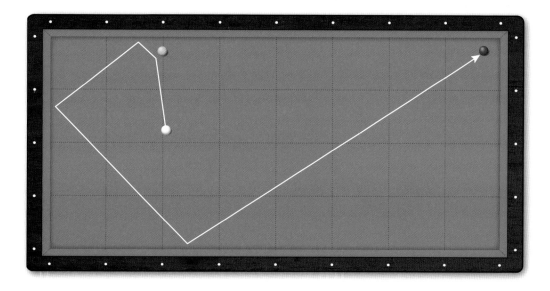

앞 돌리기(단-장-장, 단-장-단)

단-장-장 또는, 단-장-단으로 진행하는 경로를 말하며 두께와 회전력의 조절이 요구되는 민감한 경로이다. 공격과 수비를 겸할 수 있는 좋은 배치이므로 많은 연습을 하여야 하고, 특히 멀리 위치해 있는 제1목적구의 두께를 정밀하게 맞힐 수 있는 감각을 길러야만 한다. 앞 돌리기 경로를 선택할 때에 수구를 정확하게 제어(Control)할 수 있는 능력이 생긴다면 난구(難球)를 해결할 수 있으므로 이동거리가 멀다고 하여 수구의 속도를 과하게 하는 스트로크보다는 정확한 두께와 당점을 구사할 수 있는 집중력이 필요하다.

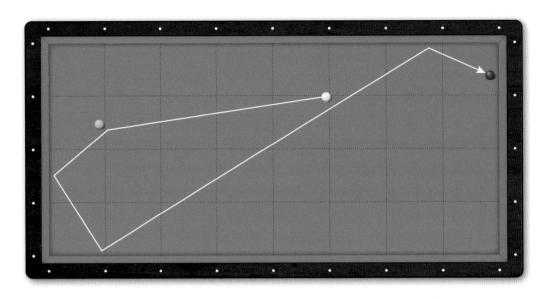

비껴 뒤 돌리기(단-장-장, 단-장-단)

단-장-장 또는, 단-장-단으로 진행하는 경로를 말하며 두께와 회전력의 조절이 요구되는 민감한 경로이다. 앞 돌리기와 마찬가지로 공격과 수비를 겸할 수 있는 좋은 배치이지만 키스를 피해야 하는 배치가 있으므로 많은 연습을 하여야 하고, 목적구가 수구와의 거리가 멀리 위치해 있을 때의 제1목적구의 두께를 정밀하게 맞힐 수 있는 감각을 길러야만 한다. 수구가 단-장-단으로 길게 진행해야 하는 경우에는 수구의 회전력을 조절해야 하므로 당점에 따른 진행각도의 변화에 대해서도 공부를 하여야 하고, 두께에 따른 회전을 조절함에 따라 포지션플레이가 가능하므로 팁 분배를 정확하게 할 줄 알아야 한다. 속칭 '짱꼴라'(이후 이런 표현은 쓰지 않는다)라고 표현하는 이 진행경로를 구사할 때에 계산법에 의존하는 동호인들이 많이 있다. 계산법에 의존한다면 제1목적구를 맞히는 두께에 따라서 같은 회전이라도 다른 효과를 나타내므로 계산과는 다르게 진행하는 경우가 많다. 계산법에 맞춰서 세 번째 쿠션의 어디에 도착해야 하니까 첫 번째 쿠션은 어디를 맞춰야겠다라는 생각보다는 두 번째 쿠션의 위치를 미리 예상하고 그 지점에 정확하게 보낼 수 있도록 하는 것이 바람직하다.

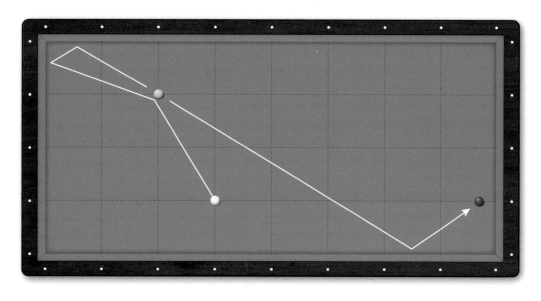

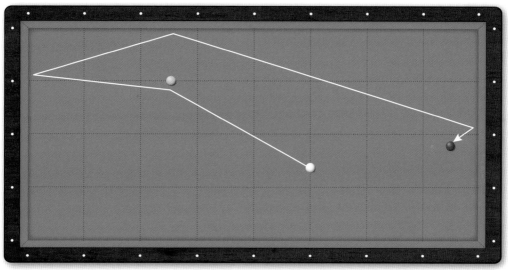

비껴 앞 돌리기(장-단-장, 단-장-단, 단-장-장)

장-단-장, 단-장-단, 단-장-장으로 진행하는 경로를 말하며 비껴 뒤 돌리기와 다른 점은 제1목적구를 밀어놓고 수구가 제1목적구의 앞으로 진행한다는 것이다. 일명 기레까시라고 말하는 이 경로는 비껴 뒤 돌리기를 시도했을 때의 제1목적구의 속도와 비껴 앞 돌리기를 시도했을 때의 제1목적구의 속도가 완전히 다르다. 수구가 진행하는 동선은 같아도 제1목적구의 앞으로 진행하느냐 제1목적구의 뒤로 진행하느냐에 따라서 붙여진 경로명이므 비껴 앞 돌리기와 비껴 뒤 돌리기는 완전히 다른 경로라고 착각하지 않아야한다. 비껴 앞 돌리기는 수구가 제1목적구를 맞히고 첫 번째 쿠션에 도달하는 시간이 짧으므로 첫 번째 쿠션의 위치를 찾아내는 것 보다 두 번째 쿠션의 정확한 지점에 도착시키는 연습을 하여야 한다. 그러기 위해서는 수구의 회전에 따라 두 번째 쿠션으로의 진행이 어떻게 얼마나 달라지는지를 잘 알고 있어야 하므로 팁 분배를 정확하게 잘 할 줄 알아야 하고, 득점에 성공하기 위한 두 번째 쿠션의 도착지점을 올바르게 예상할 수 있어야 한다.

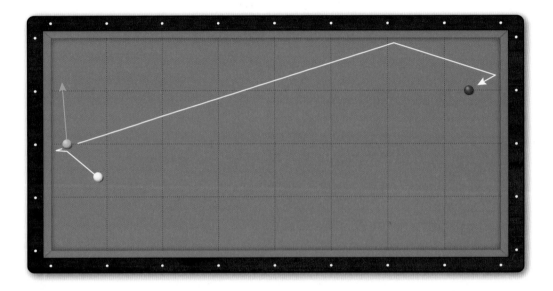

비껴 앞 돌리기는 단 쿠션에서 시작될 수도 있고 장 쿠션에서 시작될 수도 있다. 시작 쿠션이 어디냐에 따라서 붙여진 경로명칭이 아니므로 시작쿠션에 상관없이 위의 도면처럼 수구가 제1목적구의 측면을 맞혀서 목적구를 진행시켜 놓고 첫 번째 쿠션을 바로 맞히면서 진행하는 모든 경로를 비껴 앞 돌리기라 한다. 수구의 회전량, 속도, 충격량, 목적구를 맞히는 두께에 따라 다양한 진행의 변화를 일으킬 수 있으므로 많은 연습경험을 통하여 정리가 되어야 할 것이다.

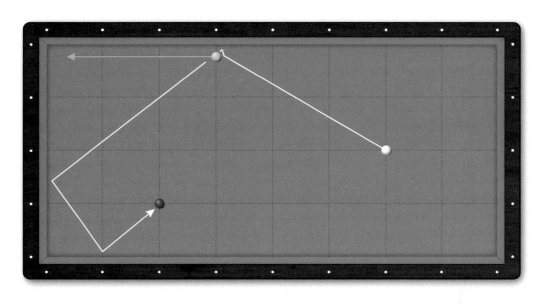

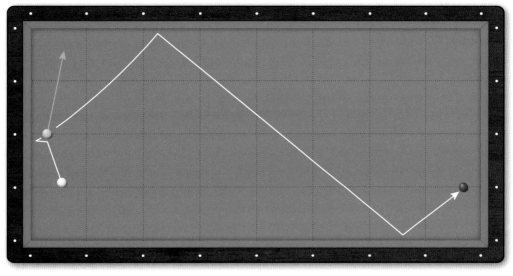

더블쿠션(장-장-단, 단-단-장)

장-장-단 또는, 단-단-장으로 진행하는 경로를 말한다. 비껴 앞 돌리기나 비껴 뒤 돌리기를 시도 했을 때에 전진 회전력이 부족하면 이와 같은 더블쿠션의 진행을 시킬 수 있다. 주로 난구에 해당하는 배치를 처리할 때에 이런 경로를 선택하기도 하지만 고수들은 포지션플레이를 하기 위해 일부러 이런 경로를 선택하기도 한다. 비껴 앞 돌리기와 마찬가지로 수구의 회전량에 따른 진행 경로를 자신이 예상한대로 제어할 수 있어야 하므로 팁 분배를 정확하게 할 수 있는 연습이 필요하다.

수구의 속도나 충격량에 따라서도 다양한 진행의 변화가 일어나므로 연습을 통하여 경험해 보기 바란다.

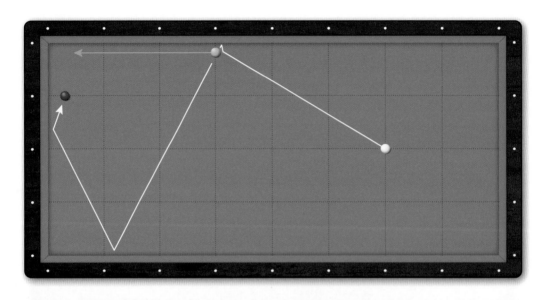

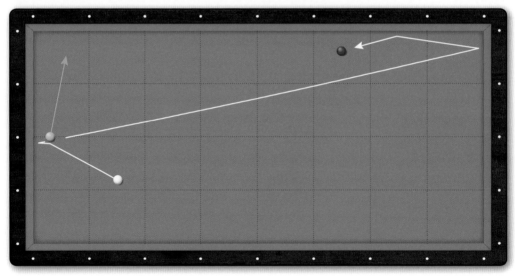

3단 더블쿠션(장-장-장, 단-단-단)

장-장-장 또는, 단-단-단으로 진행하는 경로를 말하며 횡단 샷이라고도 한다. 당구대의 좁은 공간에서의 난구나 두 개의 목적구가 모여있으나 뱅크 샷(빈 쿠션 치기)이 어려울 경우에 주로 선택하게 되는 경로이다.

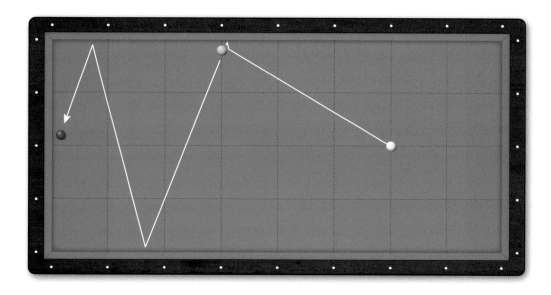

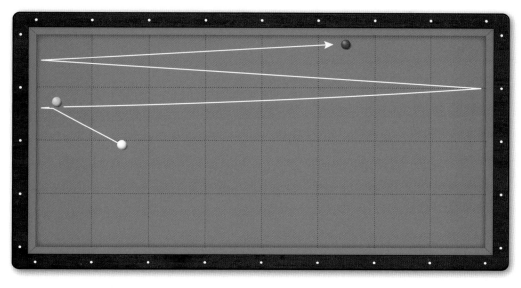

더블레일(장-단-장, 단-장-단)

장-단-장 또는, 단-장-단으로 진행하는 경로를 말하며 시계방향이나 반시계방향으로 순조롭게 계속 진행하는 경로가 아니고 다시 첫 번째 쿠션 쪽으로 되돌아가는 진행을 말한다. 같은 경로이지만 1쿠션 뱅크 샷(빈 쿠션치기)으로 이와 같이 진행시킬 때에는 접시 (Plate)라고도 한다. 경우에 따라서는 예술구성의 진행으로 보일 수 있다. 수구의 진행속도, 충격량에 따라서 같은 두께와 같은 당점이라도 다른 진행을 보이므로 실전에서 한 번에 성공시킬 수 있도록 속도와 충격량의 감각을 익히는 연습을 하여야 한다.

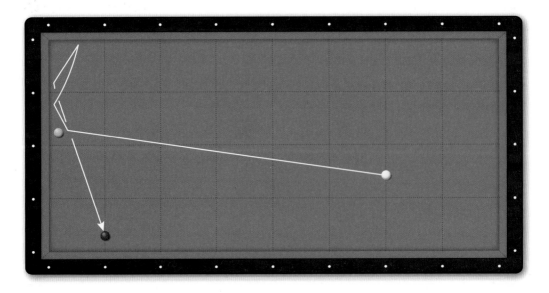

뱅크 샷(Bank-shot)

목적구를 먼저 맞히고 3쿠션 이상으로 진행시켜 득점하기가 어려울 때에 시도하는 방법으로 경로는 매우 다양하다. 뱅크 샷에는 1뱅크, 2뱅크, 3뱅크, 4뱅크, 5뱅크 등등 매우 다양하며 쿠션을 먼저 맞혀서 득점을 하는 경우를 통틀어 뱅크 샷이라고 한다.

　뱅크 샷의 종류와 경로는 너무 많으므로 간단하게 대표적인 몇 가지 경로만을 소개하고 뒤에서 좀더 자세히 살펴보기로 하겠다.

● 1 Bank

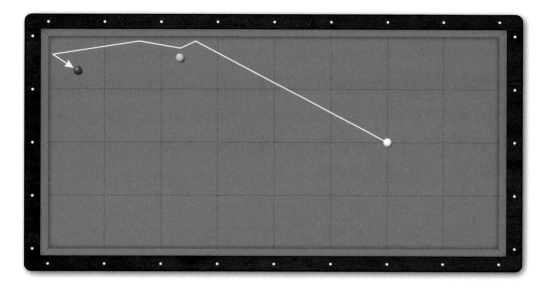

● 1 Bank

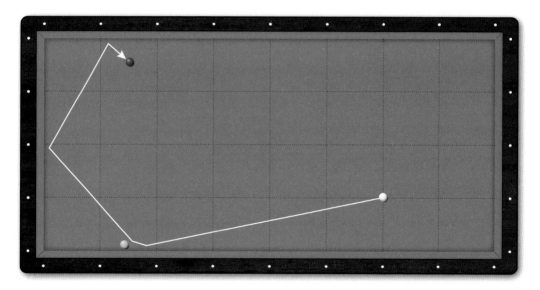

● 2 Bank

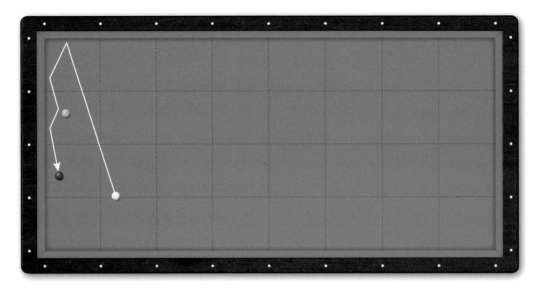

● 2 Bank

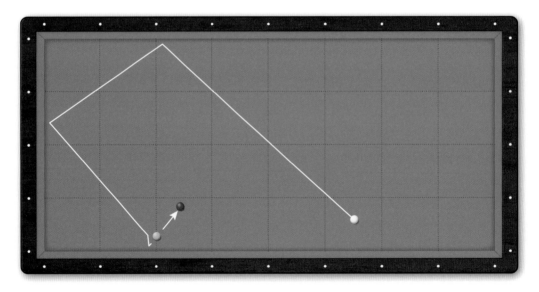

● 3 Bank

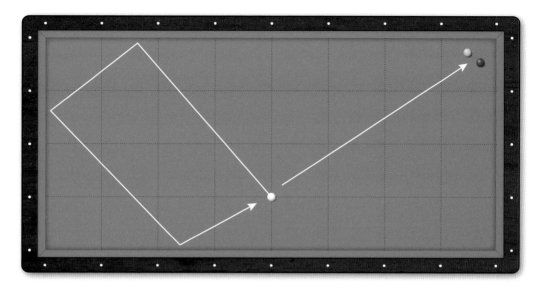

● 3 Bank

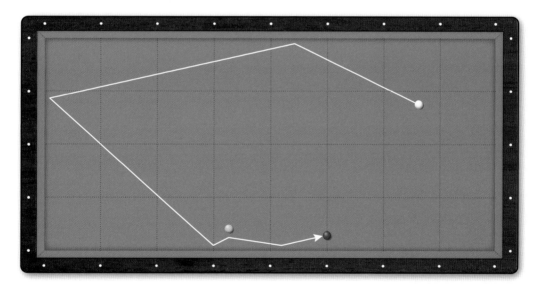

계산법(System)

많은 동호인들이 계산법을 알고 있다. 하지만 계산법을 배우는 시기가 너무 잘못되었다는 것에 안타까움을 금치 못하겠다.

계산법은 자신의 구사하는 회전력으로 뱅크 샷을 했을 때에 첫 번째, 두 번째, 세 번째 쿠션의 어디에 도착할지를 감각적으로 알고나서 배워야 더욱 자신의 실력이 발전할 수 있다. 무회전으로 어디를 맞히면 어디에 도착하겠는지, 회전을 얼만큼을 주고 보내면 또 어디에 도착할지를 감각적으로 알고 있는 사람이 자신의 감각을 이론적으로 체계화하고 정립하기 위해 계산법을 배우고 공부해야 하는 것이다.

자신이 감각적인 실력이 갖춰지지 않은 상태에서 계산법을 배우게 되면 마치 구세주를 만난 것 마냥 계산법을 맹신하게 되고, 모든 수구의 진행을 계산법에 의한 틀에 끼워 맞추려고 한다.

많은 사람들이 레슨 문의를 하면서 당구가 더 이상 늘지 않는다는 하소연을 한다. 그런 사람들의 공통점이 감각적인 실력이 만들어지기 전에 계산법을 배웠다는 것이다. 당구는 자신의 느낌으로 치는 것이다. 계산법으로 당구를 잘 칠 수 있다면 필자보다 엄청나게 다양한 계산법을 많이 알고 있는 동호인들이 왜 아직도 선수가 되지 않았을까?

계산법이라는 것은 가이드 라인(Guide Line)이다. 수많은 경험을 통하여 이만큼의 회전으로 어디를 맞히니까 어디에 도착하더라 라는 통계를 가지고 공식화 시켜보면 어떨까 해서 창안해 낸것이 계산법인 것이다.

독자들도 계산을 하는 것이 아니라 같은 위치에서 첫 번째 쿠션의 위치를 바꿔가면서 수구의 진행을 관찰하고 연습장에 그림을 그려보자. 그것이 외워져서 실전에 적용할 수 있다면 그것이 진정한 자신만의 계산법인 것이다.

RC System

3쿠션 경기를 하면서 가장 많이 적용을 시키는 계산법이 3 Bank를 시도할 때에 사용하는 계산법일 것이다.

필자는 예전에 레벨 업 스리쿠션이라는 책에서도 설명한 적이 있지만 이 책에서 다시 한 번 강조한다. 레이몽드 쿠르망(Raymond Ceulemans)이 만든 계산법은 Five & Half라는 계산법이 아니다. 많은 선수들과 계산법을 연구하는 수 많은 사람들에게 물어봤지만 5와 1/2이라는 말이 무슨 뜻인지 모르겠고 누가 만들었는지도 모르지만 레이몽드 쿠르망이 만든 계산법은 아니라는 것이다. 레이몽드 쿠르망이 만든 계산법은 그의 저서 MISTER 100을 통해 발표했는데 레이몽드 쿠르망의 이름의 약자를 따서 만든 RC System이라는 것이다. 현재, 선수를 비롯한 많은 사람들이 국제식 대대에서 사용하고 있는 계산법이 바로 RC System이라는 것이다.

RC System에는 여러가지의 계산법이 있는데 많은 사람들이 알고 있는 3뱅크 계산법, Plus 계산법, RC Plus 계산법, 1뱅크 계산법 등을 통틀어 RC System이라고 한다.

많은 동호인들이 가장 많이 알고 있지만 MISTER 100을 보고 공부한 것이 아니라 사람들에게 구전으로 배우면서 조금씩 잘못 알고 있는 3뱅크(단-장-단, 장-단-장) System을 설명하겠다.

우선 계산법을 배우기에 앞서 당구대의 수치를 암기해야만 한다. 수구 포인트와 출발 포인트, 도착 포인트를 암기해야 하고 세 번째 쿠션에서 네 번째 쿠션으로 진행하는 경로를 알고 있어야만 계산을 할 수 있다. 도면의 수치들을 보고 암기하기 바란다.

KL, LL의 3 Bank Shot을 할 때 포인트 수치

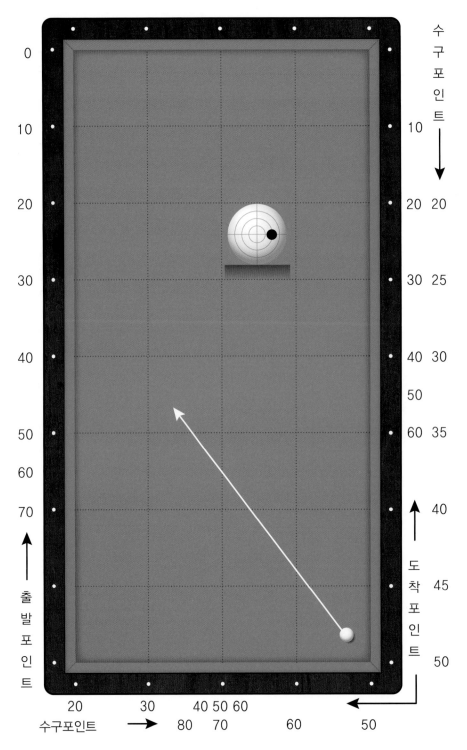

세 번째 쿠션에서 네 번째 쿠션으로의 진행경로

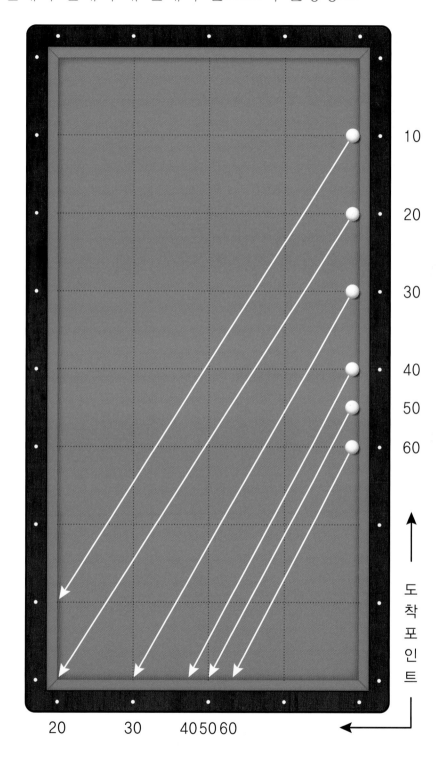

네 번째 쿠션에서 다섯 번째 쿠션으로의 진행경로

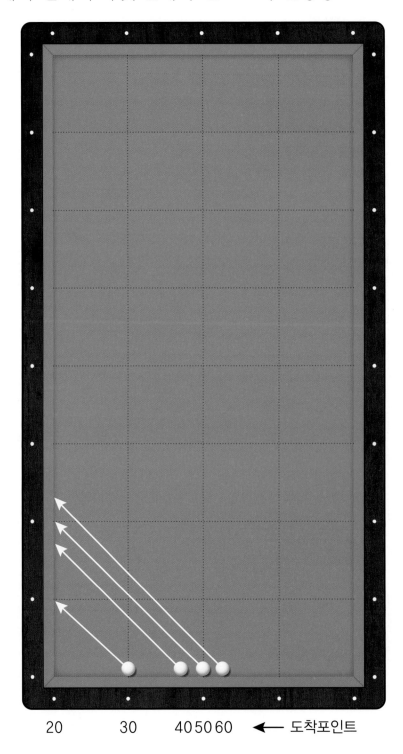

20　　　　30　　　40 50 60　←　도착포인트

계산하는 법

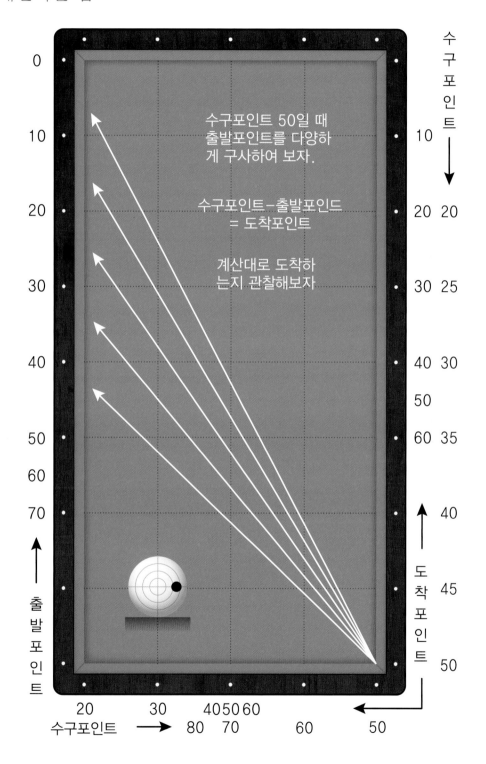

수구포인트 50일 때 출발포인트를 다양하게 구사하여 보자.

수구포인트–출발포인드 = 도착포인트

계산대로 도착하는지 관찰해보자

1. KL(Kort-Lang : Short-Long)

코너 또는, 단 쿠션에서 출발하여 장 쿠션으로 진행시켰을 때의 수구의 진행경로를 말한다. 수구 포인트가 50~60 정도에서 출발되었을 때에는 거의 계산과 동일하게 진행을 할 것이다. 하지만 수구 포인트가 60이상이 되면 계산보다 조금씩 길게 진행하게 되므로 보정을 하여야 한다.

보정법은 수구 포인트의 수치가 높아짐에 따라서 좌, 우의 회전량을 조절하는 방법과 출발 포인트의 위치를 바꿔주는 방법, 그리고 속도 조절법이 있으나 아무리 계산을 잘 하여도 자신의 느낌이 제일 중요하므로 보정법은 소개하지 않겠다.

2. LL(Lang-Lang : Long-Long)

장 쿠션에서 출발하여 장 쿠션으로 진행시켰을 때의 수구의 진행경로를 말한다. 수구 포인트가 45~50 정도에서 출발되었을 때에는 거의 계산과 동일하게 진행을 할 것이다. 수구 포인트가 45미만이 되면 계산보다 조금씩 짧게 진행하게 되므로 보정을 하여야 한다. 마찬가지로 보정법은 생략한다.

위의 두 계산법을 시도할 때의 당점은 3시나 9시 방향이고 충격을 최소화하는 부드럽고 길게 밀어서 수구를 진행시키는 타법이 필요하다.

KL, LL으로 진행하는 경로의 계산법은 3 Bank Shot 뿐만이 아니라 목적구를 맞추고 3쿠션을 시도할 때의 뒤 돌리기나 옆 돌리기에도 적용을 하여 득점을 할 수 있으므로 계산을 정확하고 자세하게 그리고 빨리 할 수 있도록 많은 연습을 하여야 한다.

선수들은 계산하는 속도가 매우 빠르다. 어떠한 경로를 선택을 할까, 키스가 있는가 없는가, 포지션플레이를 할 수 있는가 없는가를 판단하고 결정해서 40초 안에 샷을 해야 하므로 계산법을 사용한다면 4~5초 내에 계산을 할 수 있어야 하기 때문이다. 계산을 4~5초 내에 한다는 것은 계산을 하는 것이 아니라 가이드라인을 외우고 있다는 뜻이다. 외울 정도로 열심히 연습해야 한다.

● 수구 포인트 70일 때

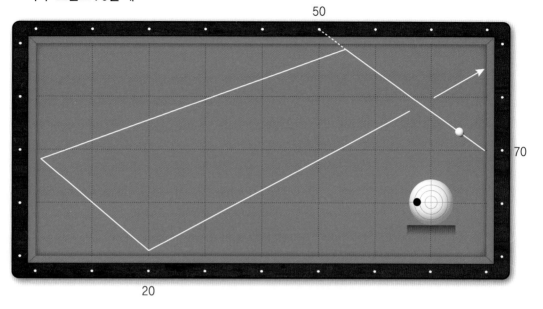

● 수구 포인트 70일 때

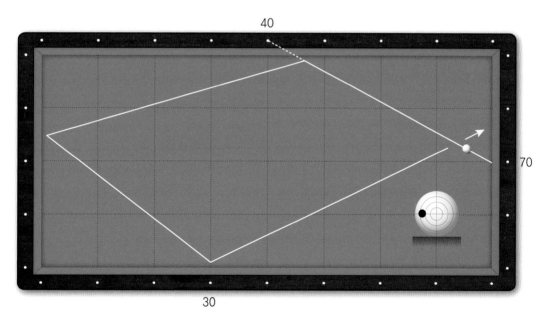

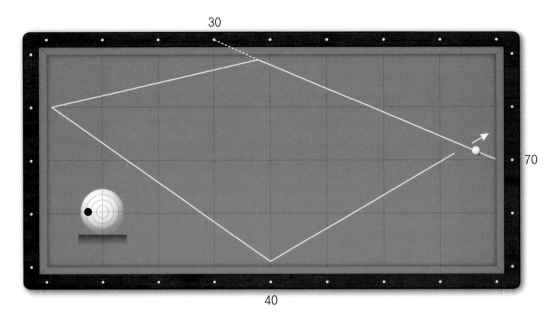

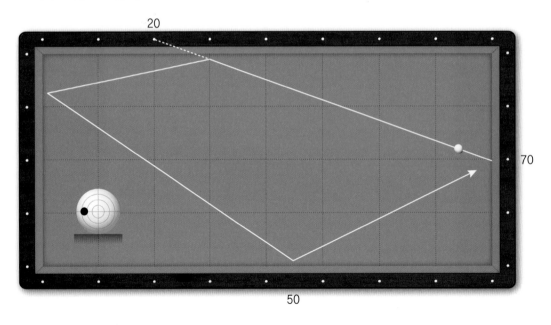

● 수구 포인트 70일 때

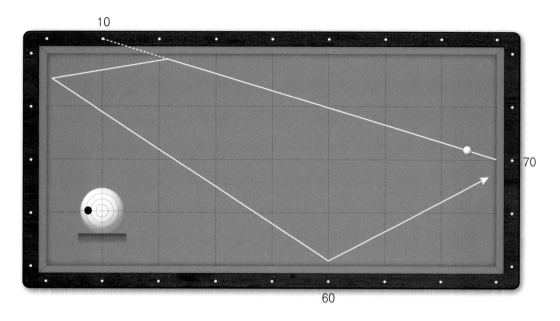

● 수구 포인트 70일 때

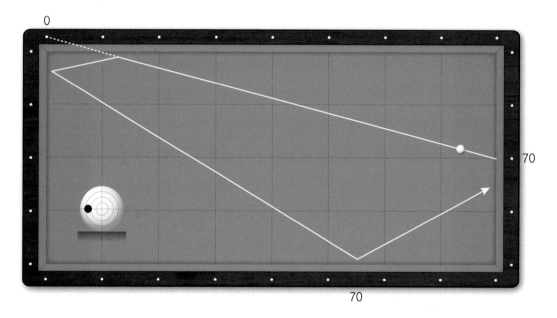

● 수구 포인트 60일 때

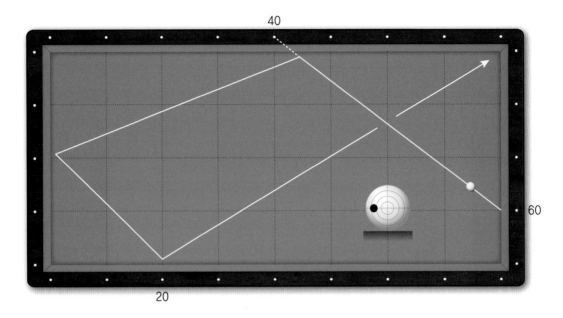

● 수구 포인트 60일 때

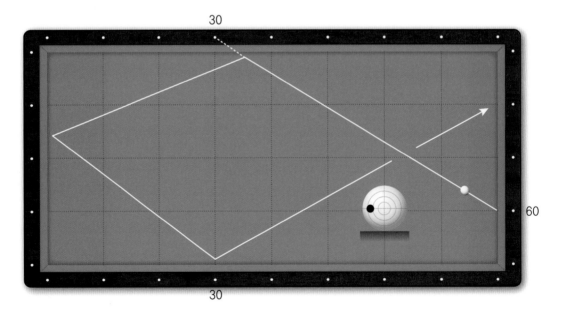

● 수구 포인트 60일 때

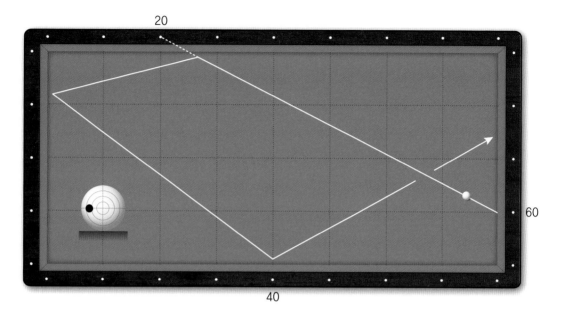

● 수구 포인트 60일 때

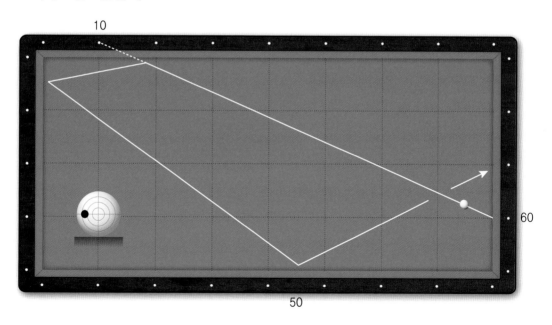

● 수구 포인트 60일 때

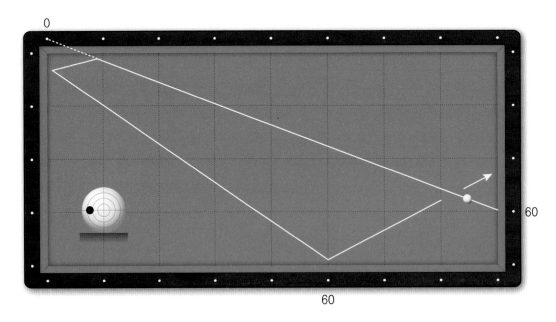

● 수구 포인트 50일 때

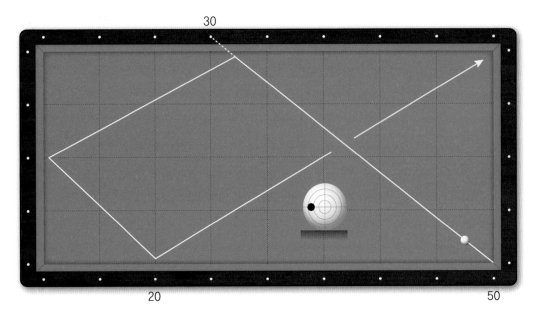

● 수구 포인트 50일 때

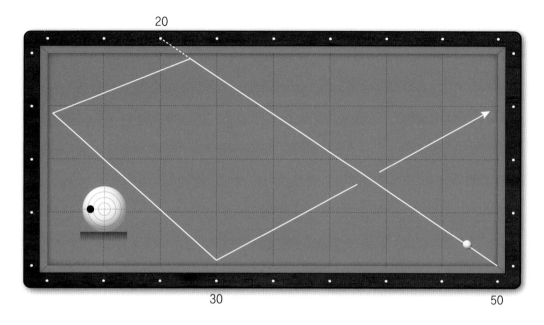

● 수구 포인트 50일 때

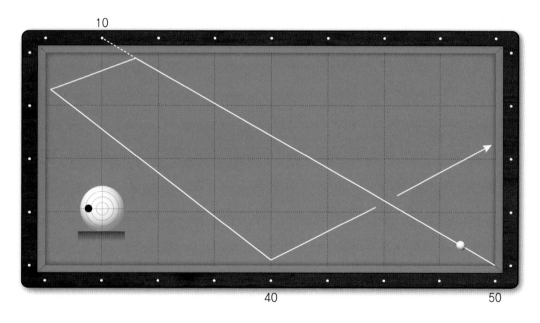

● 수구 포인트 50일 때

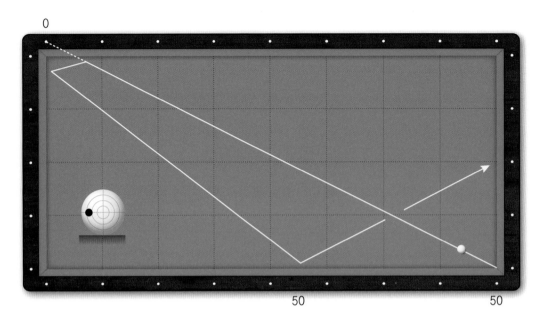

● 수구 포인트 40일 때

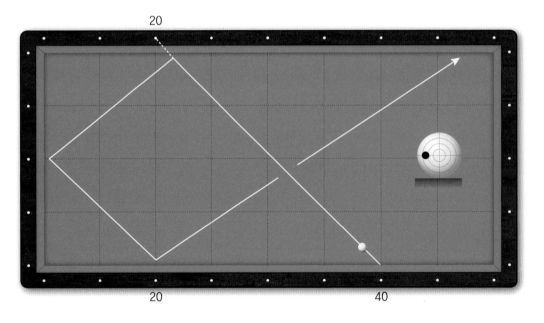

● 수구 포인트 40일 때

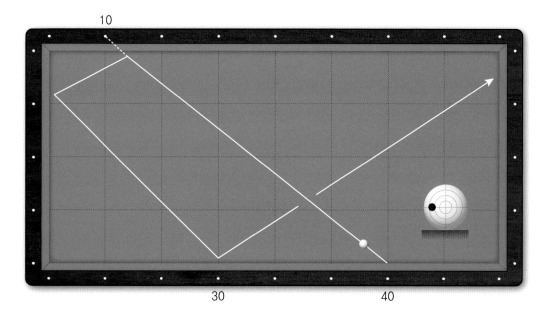

● 수구 포인트 40일 때

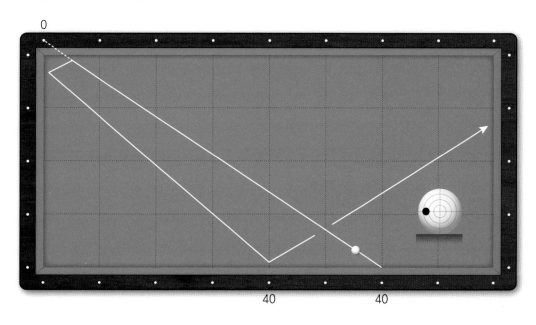

● 수구 포인트 30일 때

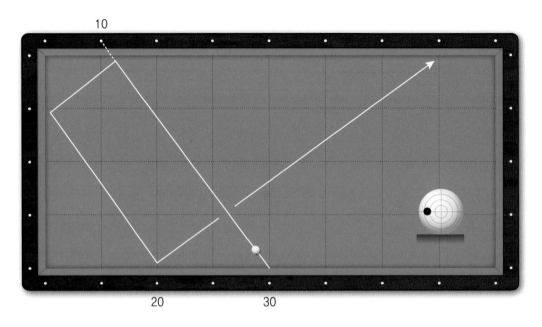

● 수구 포인트 30일 때

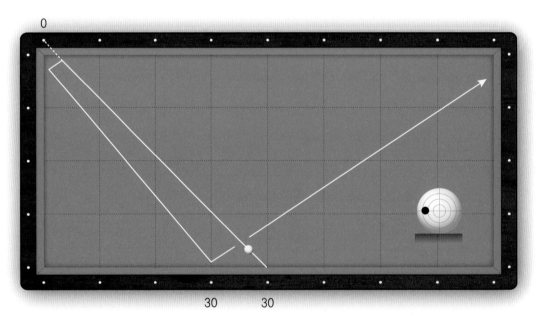

● 수구 포인트 20일 때

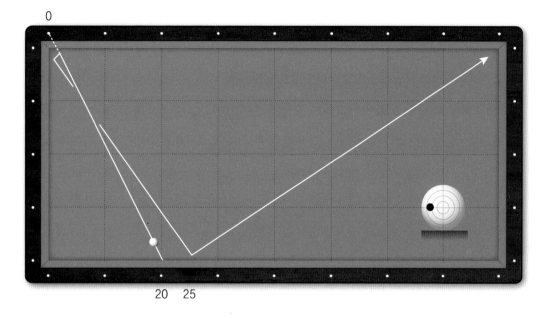

0

20 25

　수구의 모든 위치마다 모든 출발 포인트에 따른 진행경로를 모두 수록하지는 않았다. 계산을 할 줄 안다면 누구나 소개하지 않은 나머지 위치의 경로를 예측하고 그림을 그릴 수 있을 것이다.

　도면들을 자세히 관찰해야 한다. 수구 포인트를 찾을 때에는 레일의 포인트에서 시작하는 것이 아니다. 레일에서 쿠션 날까지 수직으로 올려서 쿠션 날에서부터 수구포인트를 정해야 한다. 코너가 왜 50인지를 이해한다면 수구 포인트를 왜 레일의 포인트에서 출발시키면 안되는지를 알 수 있을 것이다.

　또, 한가지 잘 관찰하고 기억해야 할 것은 수구를 출발 포인트에 진행시킬 때에는 레일의 포인트를 겨냥하여 샷을 하지만 이후의 모든 진행은 쿠션의 날에 맞으면서 진행한다는 것이다. 출발 포인트를 겨냥하여 진행시킨 이후에 수구가 쿠션의 어디에 도착하는지 자세히 관찰하면서 연습해야 한다. 물론 일반 중대에서는 계산이 다소 차이가 있을 것이다. 국제식 대대에서 만들어진 계산법이므로 중대에서 적용을 시키려면 많은 보정을 해야 할 것이다.

　앞에서 소개한 도면들을 완벽하게 암기하도록 하고 실전에서 어떻게 적용을 하는지 예제를 통하여 확인해 보자.

● 예제 1

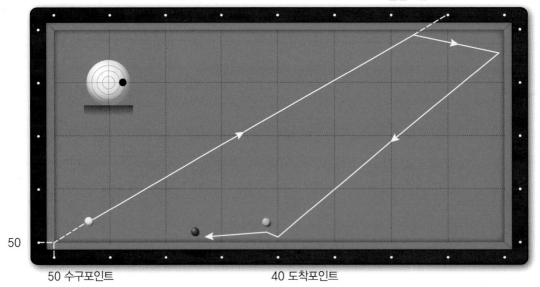

출발포인트 10

50

50 수구포인트   40 도착포인트

계산은 항상 도착 포인트를 찾는 것부터 거꾸로 해 나아가야 한다. 수구가 도착해야 하는 위치가 40이라는 것을 찾았다. 이때 수구 포인트와 출발 포인트는 아직 알 수가 없다. 가정을 해 보기로 한다.

만약, 수구 포인트가 60이라고 하면, 출발 포인트는 20일 것이다. 하지만 수구 포인트 60과 출발 포인트 20을 연결한 선상에 수구가 존재하지 않는다.

수구 포인트를 50이라고 가정했을 때에는 수구 포인트 50과 출발 포인트 10을 연결한 선상에 수구가 존재하므로 50 – 10 = 40을 정답이라 할 수 있다.

● 예제 2

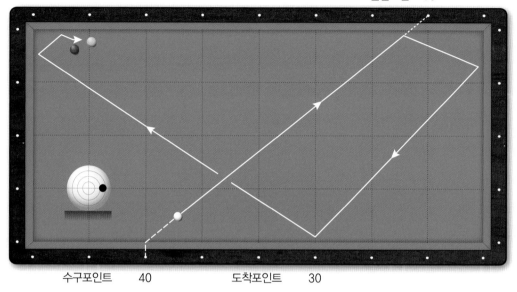

출발포인트 10

수구포인트 40   도착포인트 30

도착포인트는 25정도라는 것을 찾을 수 있다. 하지만 수구의 위치가 수구포인트 50이나 60정도에서 출발하는 것이 아니므로 세 번째 쿠션에서 네 번째 쿠션으로 진행할 때에 5포인트 정도 짧게 진행한다는 것을 감안하여야 한다.

그러므로, 네 번째 쿠션의 도착포인트는 25이지만 세 번째 쿠션의 도착 포인트는 30으로 정해야 원하는 득점을 할 수 있을 것이다.

수구 포인트 40 – 출발 포인트 10 =도착 포인트 30을 정답이라 할 수 있겠다.

3. Plus System

단 쿠션을 먼저 맞혀서 단–장–장 또는, 단–장–단으로 진행하는 경로로 수구 포인트와 출발 포인트를 더하면 도착 포인트가 된다는 계산법이다. 계산은 어렵지 않으나 첫 번째 쿠션의 위치가 코너에 가까우면 회전량과 속도, 충격량에 따라서 엄청난 오차를 보이기 때문에 많은 사람들이 실전에서 적용하기를 꺼려하는 계산법이다. 충격을 최소화하고 부드럽고 길게 밀어서 수구를 진행시킬 수 있는 타법을 연습하여 Plus System을 실전에서 잘 활용할 수 있도록 하자.

Plus System은 뱅크 샷을 할 때에도 이용하지만 목적구를 맞히고 진행을 시키는 앞 돌리기나 비껴 뒤 돌리기를 시도할 때에도 적용시킬 수 있으므로 뱅크 샷을 익숙하게 연습한 후에는 앞 돌리기나 비껴 뒤 돌리기에 적용하는 연습도 반드시 해야만 한다.

Plus System을 익히기 위해서는 출발 포인트의 수치를 기억해야 한다. 수구의 위치에 따라서 출발 포인트의 수치가 조금씩 달라지므로 복잡하고 어렵다고 생각할 수도 있지만 꼭 외워서 실전에서 기분 좋은 득점을 하기 바란다.

● **수구 포인트 20일 때 (수구포인트와 도착포인트는 같다)**

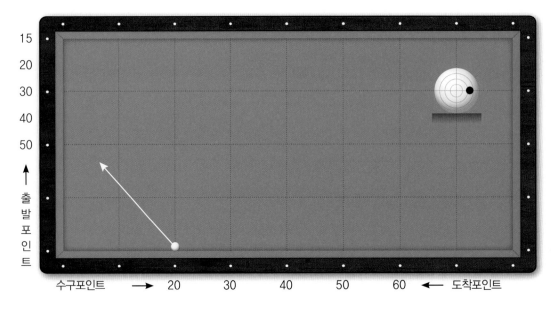

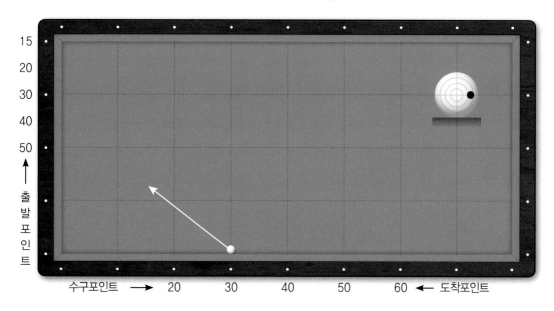

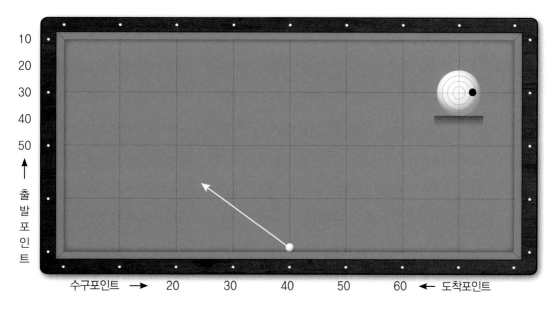

● 수구 포인트 50일 때 (수구포인트와 도착포인트는 같다)

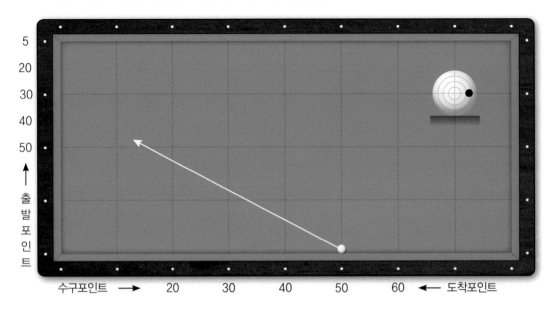

● 수구 포인트 60일 때 (수구포인트와 도착포인트는 같다)

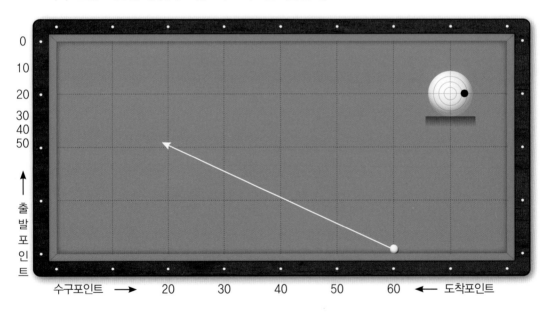

● 수구 포인트 20일 때

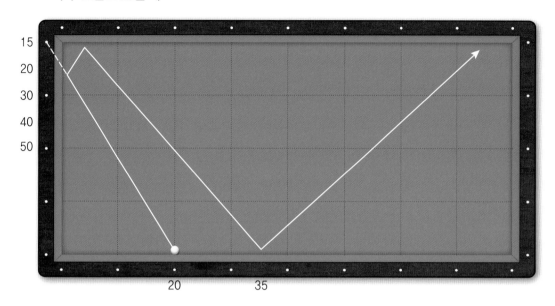

● 수구 포인트 20일 때

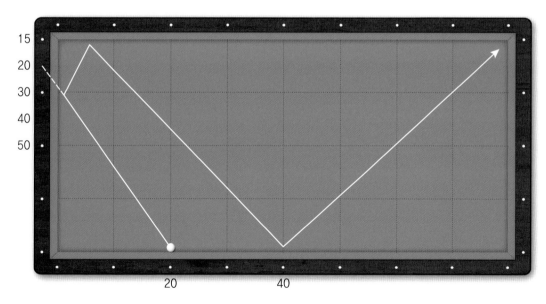

● 수구 포인트 20일 때

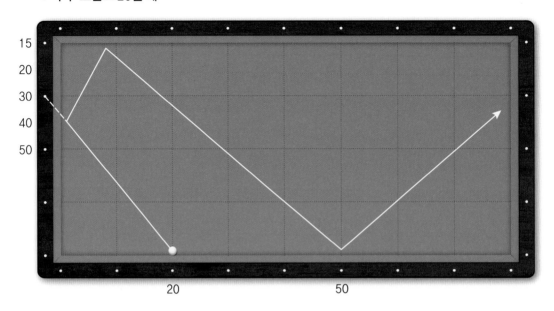

● 수구 포인트 20일 때

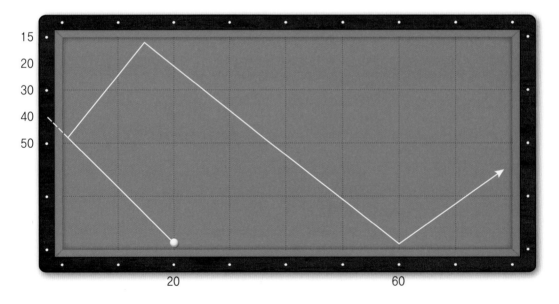

● 수구 포인트 20일 때

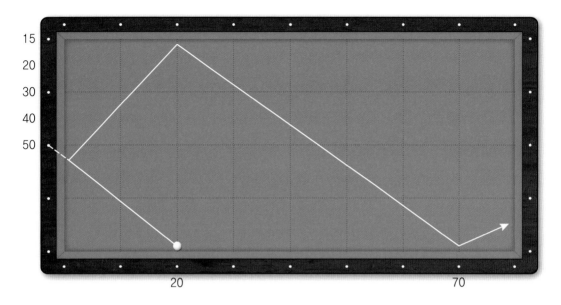

● 수구 포인트 30일 때

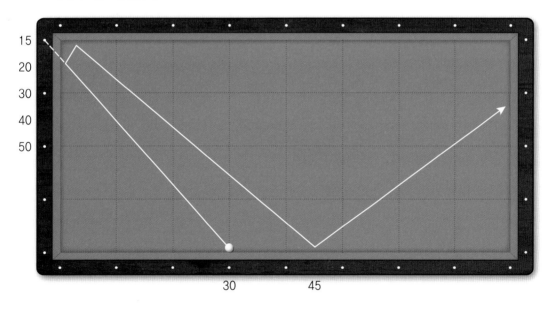

● 수구 포인트 30일 때

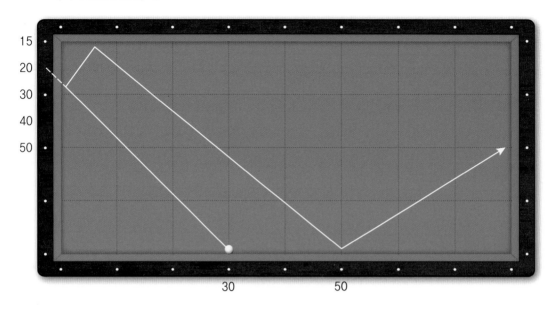

● 수구 포인트 30일 때

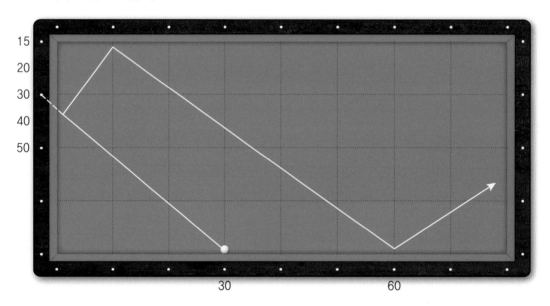

● 수구 포인트 30일 때

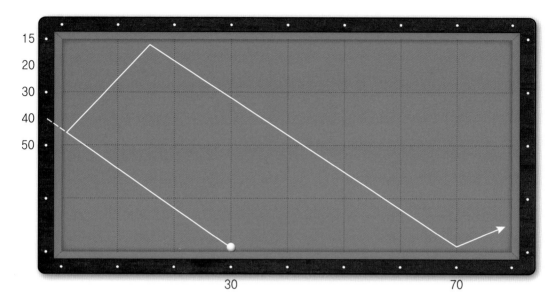

● 수구 포인트 30일 때

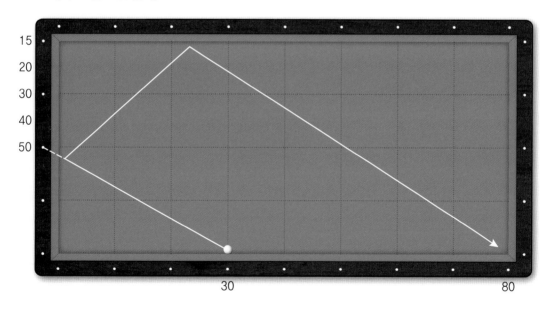

● 수구 포인트 40일 때

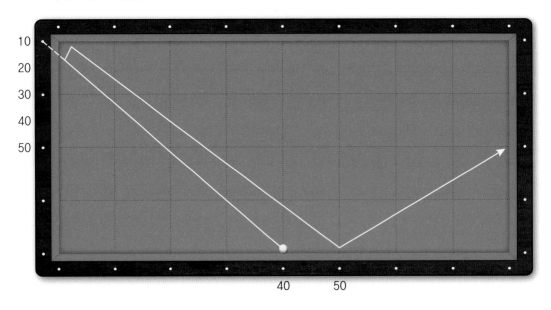

● 수구 포인트 40일 때

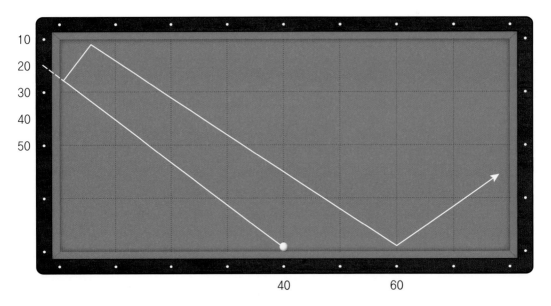

● 수구 포인트 40일 때

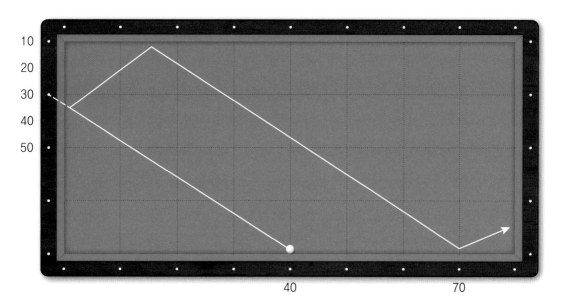

● 수구 포인트 40일 때

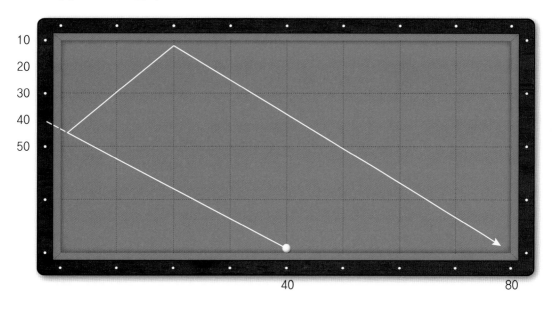

● 수구 포인트 40일 때

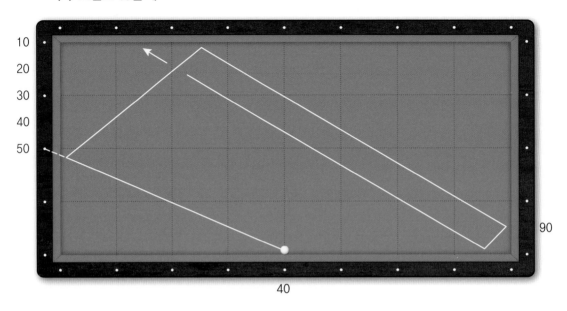

● 수구 포인트 50일 때

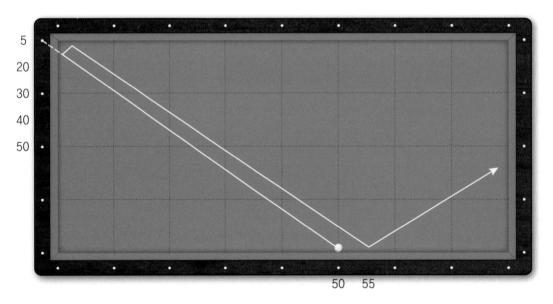

● 수구 포인트 50일 때

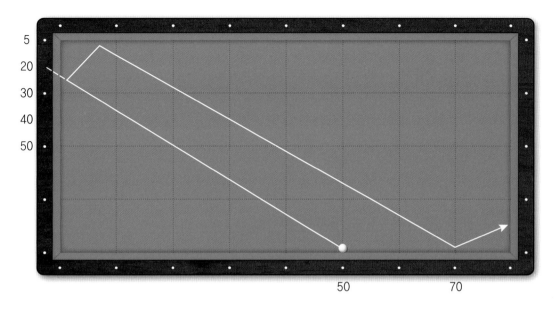

● 수구 포인트 50일 때

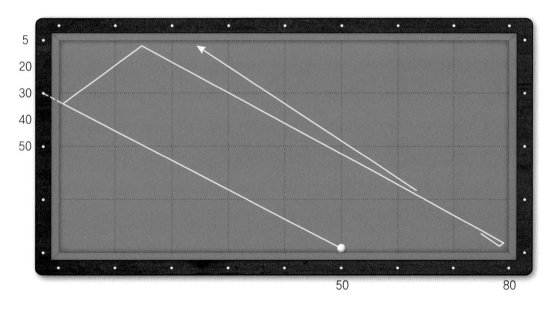

● 수구 포인트 50일 때

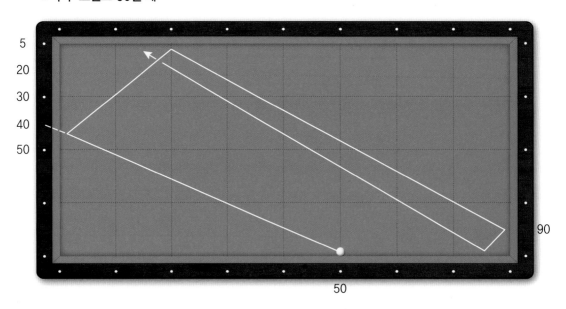

● 수구 포인트 50일 때

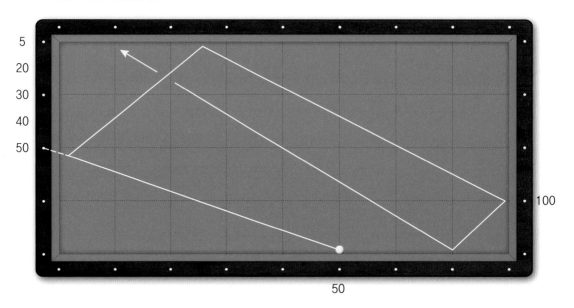

● 수구 포인트 60일 때

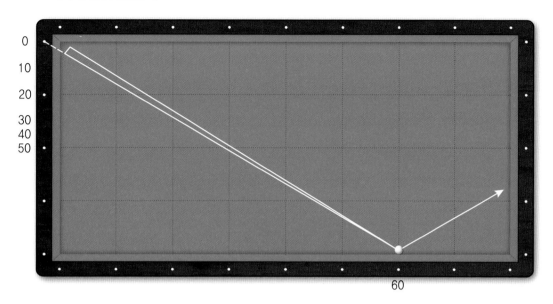

● 수구 포인트 60일 때

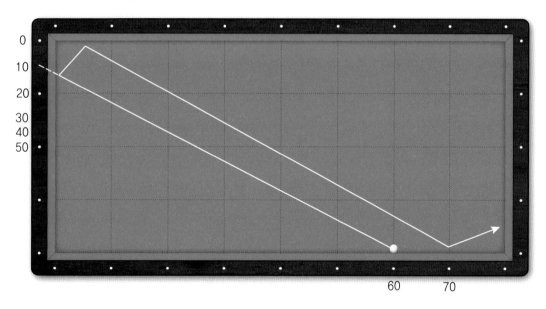

● 수구 포인트 60일 때

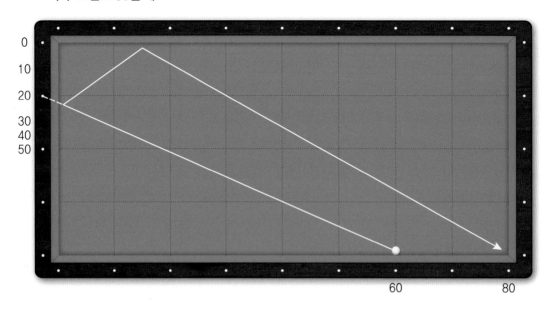

● 수구 포인트 60일 때

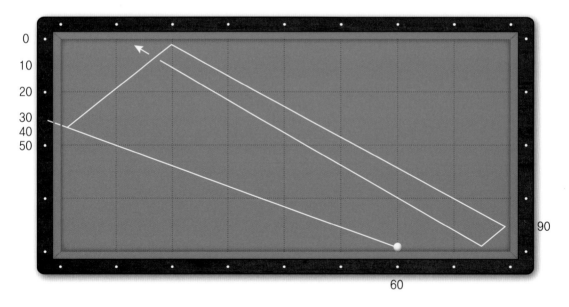

● 수구 포인트 60일 때

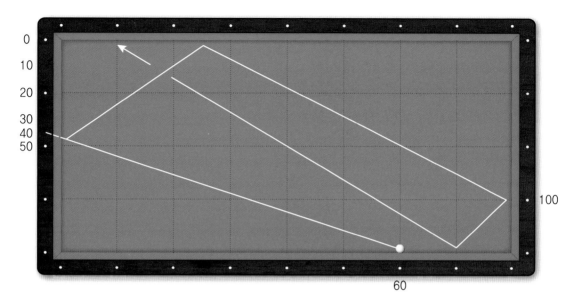

● 수구 포인트 60일 때

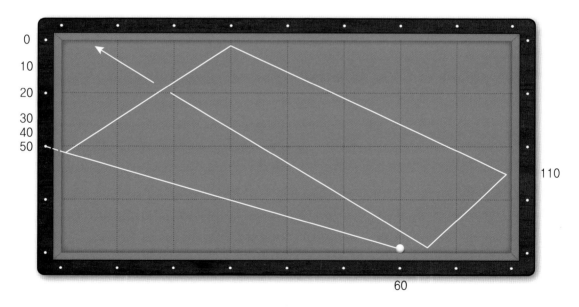

앞 페이지의 도면들을 완벽하게 암기하도록 하고 실전에서 어떻게 적용을 하는지 예제를 통하여 확인해 보자.

● **예제 1**

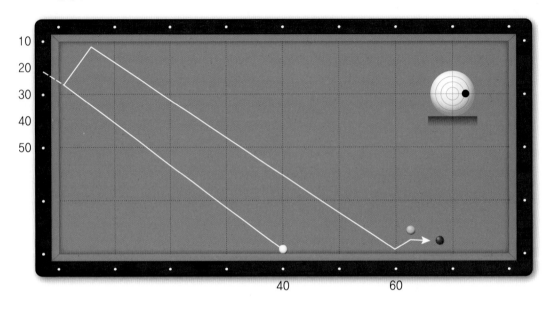

계산은 항상 도착포인트를 찾는 것부터 거꾸로 해 나아가야 한다. 수구가 도착해야 하는 위치가 60이라는 것을 찾았다. 수구는 40포인트에 있으므로 수구가 40일 때 첫 번째 쿠션의 수치는 코너에서부터 10, 20, 30, 40, 50이므로 20을 향하여 최소한의 충격으로 부드럽게 구사하도록 한다.

도착 포인트 60 = 수구 포인트 40 + 출발 포인트 20

Plus System의 보정법

이번에는 많은 독자들이 Plus System에서 잘못 알고 있는 보정법에 대해 설명하겠다. 우선 수구 포인트를 잘 결정할 줄 알아야 한다. 대부분의 동호인들이 당구대 레일의 포인트에서 연장하여 결정을 한다. 예제 2를 보면서 설명하겠다.

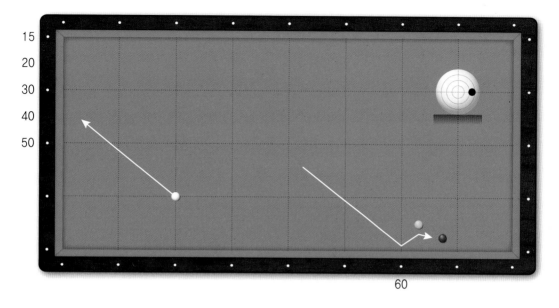

수구를 단 쿠션으로 진행시켜 3 Bank로 득점을 시키고자 한다. 우선 도착 포인트가 60이라는 것은 알아낼 수 있을 것이다. 이때 많은 동호인들이 수구 포인트를 KL 또는 LL System처럼 장쿠션과 단 쿠션을 연결하는 직선을 그려서 찾는다. 큰일날 방법이다.

독자들은 System이라는 것을 어디에서 어떻게 배웠는가? 대부분 주위의 사람들에게 구전하여 듣고 배우거나 아니면 인터넷을 통하여 공부하였을 것이다. Plus System을 레이몽드 쿠르망(Raymond Ceulemans)이 만들었다는 것은 알고 있는 사람이 얼마나 될까? 그의 저서 마스터 100 (MISTER 100)이라는 책을 본적은 있을까? System은 잘못 배우면 엄청난 착각을 불러일으킬 수 있다. 정말로 제대로 배워야 하고, 책을 보고 이해가 되지 않는다면 그 부분을 잘 설명해 줄 수 있는 선생님을 찾아야 할 것이다.

위의 예제 2에서 수구포인트를 KL 또는 LL System과 같이 찾는다면 아마도 수구 포인트를 30이라 하여 출발 포인트를 30으로 찾을 것이다.

● 예제 2의 잘못된 계산법

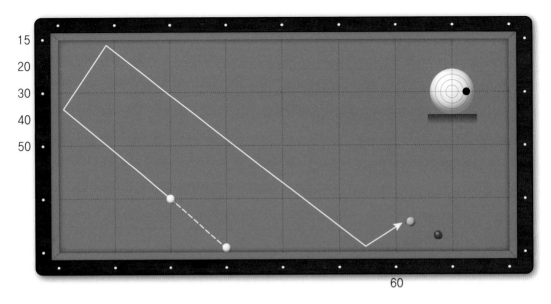

Plus System에서는 수구의 포인트를 장–단 쿠션을 연결한 선으로 찾아내지 않는다. 수구 포인트를 30이라고 결정하고 단 쿠션의 30으로 진행시키게 되면 생각보다 훨씬 짧게 도착할 것이다. 필자도 왜 그럴까? 하고 많이 고민하고 실제로도 많이 시도해 보았다. 이유는 간단하다. 쿠션에 붙어있는 수구는 3시 방향의 회전을 줄 수 없기 때문에 3시 방향의 회전력 보다는 조금 약한 2시 방향 정도의 회전력으로 진행되기 때문이다. 따라서 2시 방향의 회전력으로 위와 같이 계산한다면 득점을 성공시키기는 어렵지 않을 것이다. 하지만 3시 방향의 회전력으로 수구 포인트를 30으로 결정하여 구사한다면 엄청나게 짧게 도착하는 오차를 낼 것이다.

수구는 20 포인트에서 당구대 중앙으로 10포인트 상승해 있다. 이럴 경우, 수구 포인트 20에 상승한 포인트의 1/2을 더하여야 한다. 그러면 수구 포인트는 20이 아니라 25가 되는 것이다. 수구 포인트가 25이므로 첫 번째 쿠션을 30이 아니라 35로 결정해야 하는 것이다.

수구 포인트 20 + (10 ÷ 2) + 출발 포인트 35 = 도착 포인트 60

● 예제 2의 옳은 계산법

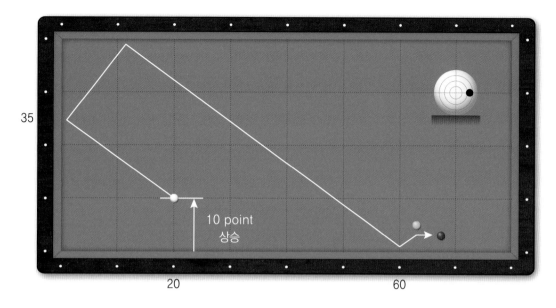

위의 도면으로 이해가 될 것이다. 시중에 나온 많은 당구 책들에 수록된 내용들도 잘못된 내용들이 많이 있다. 저자들도 확실하게 모르는 내용을 인터넷에서 자료들을 모아서 함부로 책을 쓰기 때문이다.

많은 사람들이 Plus System은 변화가 너무 심하고 계산한대로 적용이 되지 않는다면서 모험하는 마음으로 시도하는 경우가 많다. 보정법을 제대로 익히고 수구포인트를 잘 찾아내서 실전에서 적용을 한다면 오차가 많이 줄어들 것이다.

4. No English Sytem

RC System 중에서 KL, LL System과 같이 진행하는 경로를 무회전으로 진행시켰을 때는 어떤 경로가 예상이 되는가? 실전에서 KL, LL System 만큼이나 많이 사용하는 경로이다.

No English System은 주로 좁은 공간의 3쿠션을 시도 할 때, 또는 각도가 짧아지는 위치에서 각도를 길게 만들고자 할 때에 사용하게 된다. 수구의 속도변화에 따라 같은 지점에 도착을 하여도 진행경로가 다르게 변화를 보이므로 다양한 경험을 해 보아야 하고, 특히 집중해서 연습하여야 할 것은 무회전을 정확하게 구사하는 것이다. 무회전이라고 생각하는 당점이 사람마다 조금씩 다르므로 정확한 당점을 구사할 줄 아는 연습이 필요하다.

무회전으로 진행하는 No English System은 빌리어드 아틀라스(Billiard Atlas: Walter Harris 저)라는 교본에서 2/3 System이라는 제목으로 소개하였는데 좌, 우 회전력을 사용하였을 때에 만들어내지 못하는 각도를 무회전으로 만들어 낼 수 있으므로 실전에서 매우 유용하게 사용할 수 있다. 수구의 위치에 따른 진행을 알아보자.

● 수구 포인트 30일 때 (수구 포인트와 도착 포인트는 동일하다)

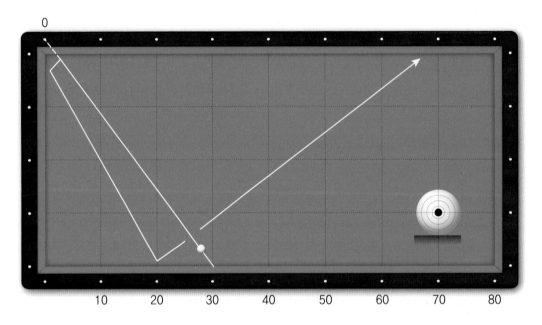

● 수구 포인트 40일 때 (수구 포인트와 도착 포인트는 동일하다)

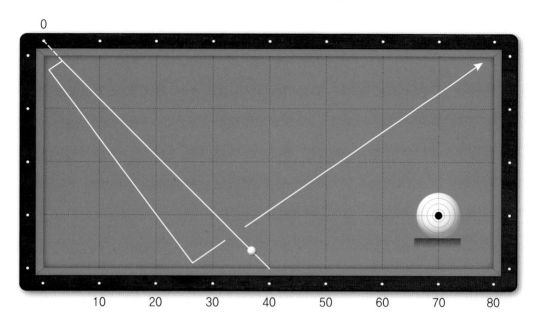

● 수구 포인트 50일 때 (수구 포인트와 도착 포인트는 동일하다)

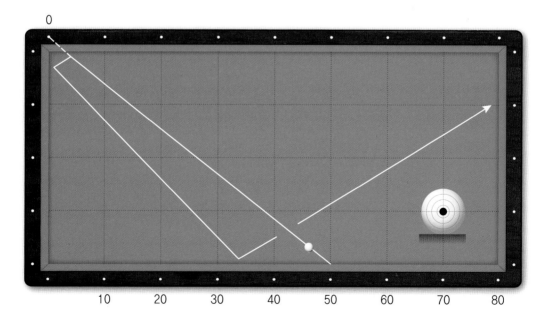

● 수구 포인트 60일 때 (수구 포인트와 도착 포인트는 동일하다)

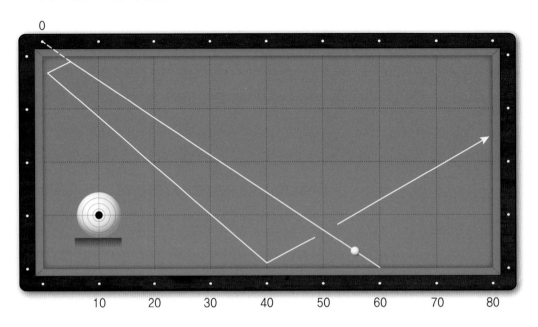

● 수구 포인트 70일 때 (수구 포인트와 도착 포인트는 동일하다)

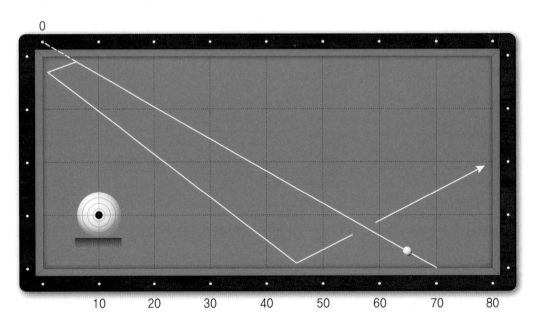

● 수구 포인트 80일 때 (수구 포인트와 도착 포인트는 동일하다)

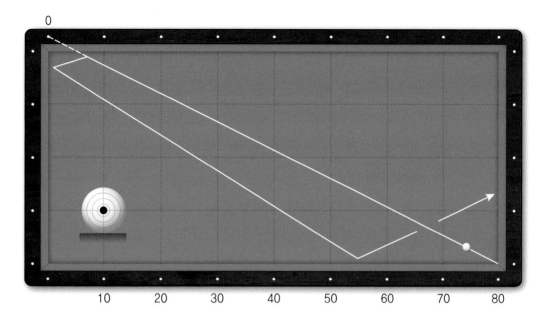

장 쿠션에서 출발한 수구가 반대쪽의 0포인트에 무회전으로 도착이 되면 출발한 위치의 2/3 지점에 도착한다는 계산법이다.

30 포인트에서 출발한 수구는 세 번째 쿠션의 20포인트에,

40 포인트에서 출발한 수구는 세 번째 쿠션의 26포인트에,

50 포인트에서 출발한 수구는 세 번째 쿠션의 34포인트에,

60 포인트에서 출발한 수구는 세 번째 쿠션의 40포인트에,

70 포인트에서 출발한 수구는 세 번째 쿠션의 46포인트에,

80 포인트에서 출발한 수구는 세 번째 쿠션의 54포인트에 도착하는 것을 관찰할 수 있을 것이다.

회전 변경선

No English System은 뱅크샷에서 사용하는 경우보다 목적구를 맞히고 진행시킬 때에 훨씬 많이 사용을 하게 되는데 이때 중요한 것은 좌, 우의 당점을 사용해야 각도가 길게 진

행되는지 무회전으로 시도해야 각도가 길게 진행되는지를 판단하고 사용해야 한다는 것이다. 필자는 좌, 우의 회전력을 사용하거나 무회전으로 시도해도 진행의 변화가 없는 입사각도를 찾아냈는데 이 입사각도를 '회전변경선'이라 칭한다. 이 각도를 기준으로 회전을 사용해야 각이 길어지는지 무회전으로 시도를 할 것인지를 판단할 수있다.

● 회전 변경선 1 (당구대마다 약간은 다르다)

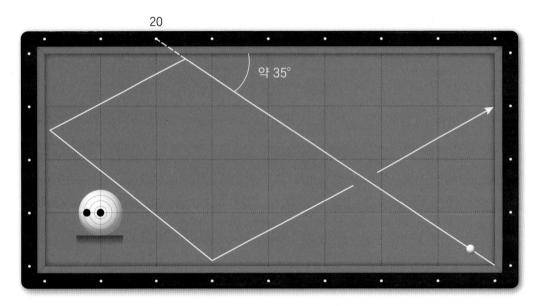

코너에서 출발시킨 수구는 장 쿠션의 20포인트에 도착한다면 좌, 우의 회전이 있으나 없으나 세 번째, 네 번째 쿠션의 도착위치는 같다. 실제로 9시 방향의 회전으로 시도하여 보고 무회전으로도 시도해 보자. 당구대마다 약간의 차이는 있으나 20~25 포인트 정도에 회전 변경선이 형성될 것이다. 이 입사각도는 장 쿠션으로부터 35도 정도되는 각도인데 이 각도보다 입사각이 더 커진다면 무회전으로 구사하는 것이 각도가 더 짧게 진행할 것이고, 35도 보다 더 적은 각도로 수구를 진행시킨다면 무회전으로 시도하는 것이 훨씬 길게 진행을 하게 될 것이다.

실제로 예제와 같은 형태의 배치를 시도할 때에 좌, 우회전을 사용해야 하는지 무회전으로 시도해야 하는지를 고민하는 동호인들이 많을 것이다. 장 쿠션에 대한 입사각도가 얼마나 되는지 확인해 보자. 코너와 20포인트를 연결한 선보다 각도가 커졌는가 작아졌는가?

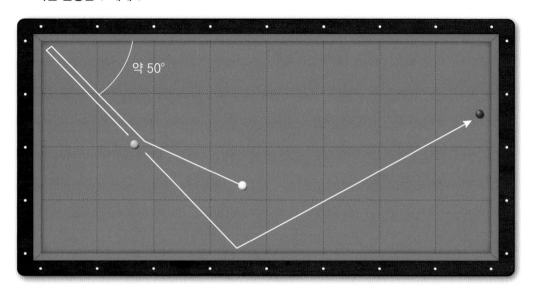

제1목적구를 얇게 맞히고 코너에 진행을 시킨다고 하여도 장 쿠션에 대하여 입사각이 회전변경선인 35도 보다 훨씬 크게 50도 정도가 되므로 좌회전이 약하면 약할수록 더욱 짧게 진행하게 된다. 9시 방향의 최대 회전력으로 시도한다면 쉽게 성공할 것이다.

● 회전 변경선 1 예제 2

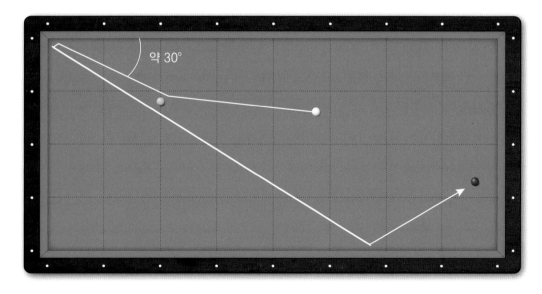

회전 변경선 1의 예제2는 제1목적구를 얇게 맞혀서 수구의 진행을 길게 만들려고 한다. 장 쿠션에 대한 입사각도가 회전변경선인 35도보다 훨씬 적으므로 왼쪽 회전을 사용하는 것보다 회전량을 약하게 줄이거나 무회전으로 시도하는 것이 각도를 만들어내기가 수월할 것이다.

회전변경선은 장 쿠션으로 진행시킬 때에만 있는 것이 아니라 플러스 시스템(Plus System)처럼 수구를 단 쿠션으로 진행시킬 때에도 찾아낼 수 있다.

● **회전 변경선 2 (당구대마다 약간은 다르다)**

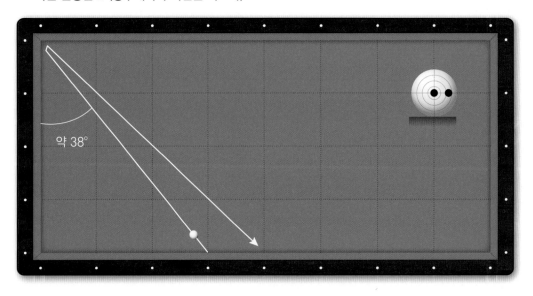

장 쿠션의 세 번째 포인트 위치에서 코너를 향하여 진행을 시켜보자. 오른쪽 3시 방향의 회전으로 진행시켜보고 무회전으로도 진행시켜보면 세 번째 쿠션의 도착위치가 별다르지 않다는 것을 확인할 수 있을 것이다.

필자는 단 쿠션에 대한 이 입사각도를 '회전 변경선 2'라고 정하였다. 회전 변경선 2의 입사각도는 단 쿠션으로부터 대략 37도~38도 정도 되며, 수구가 단 쿠션으로 진행할 때에 이 각도보다 크게 입사각을 형성하면서 진행된다면 좌, 우회전력이 약할수록 길게 진행하고 좌, 우회전력이 많을수록 짧게 진행한다. 반대로 수구가 회전 변경선 2의 각도보다 작은 각도로 단 쿠션에 진행된다면 좌, 우회전량이 적을수록 더욱 짧아지는 것을 확인할 수 있을 것이다.

● 회전 변경선 2 예제 1

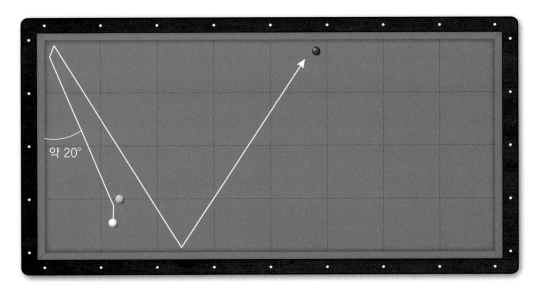

약 20°

제1목적구를 얇은 두께로 맞혀서 단-장-장 쿠션으로 진행시키려 할 때 오른쪽 회전을 선택해야 할 것인가 아니면 무회전으로 진행시켜야 할 것인가? 수구가 단 쿠션으로 입사되는 각도가 회전 변경선 2 (37~38도)보다 작으므로 오른쪽 회전을 조금이라도 선택한다면 엄청나게 오차를 만들게 될 것이다.

무회전으로 부드럽게 천천히 진행시켜보자. 오차가 줄어들면서 득점에 성공할 수 있을 것이다.

또 다른 예제를 해결해 보자. 회전 변경선 2 예제 2는 빗겨치기를 하여 수구의 진행각도를 짧게 만들어서 3쿠션으로 득점을 하여야 하는 문제이다. 이때 단 쿠션으로 진행하는 수구의 각도가 얼마나 될 것인지를 생각한다면 오른쪽 당점을 사용할 것인지 아닌지를 결정할 수 있다.

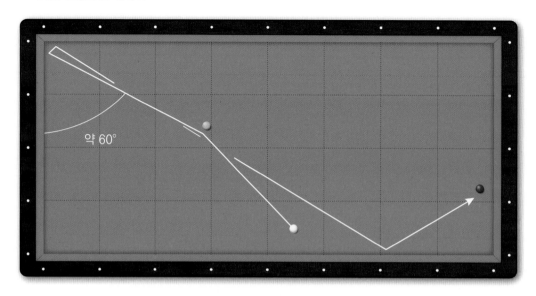

약 60°

수구가 제1목적구를 맞히고 단 쿠션에 입사되는 각도가 단 쿠션에 대해서 약 60도 정도이므로 회전 변경선2의 38도보다 크다. 그러므로 오른쪽 회전을 사용하지 않는다면 엄청나게 길게 진행될 것이다.

계산법을 알면서도 제대로 사용하지 못하는 동호인들이 많이 있다. 어떻게 생각하면 자신의 느낌대로 시도하는 것이기에 바람직하다고 생각할 수 있다. 문제는 성공을 했느냐 못했느냐가 아니라 느낌대로 시도 했을 때에 득점에 실패하거나 득점은 되었지만 의도한 대로 진행이 되지 않았다면 반드시 원인을 찾아야 한다.

득점이 되었다고 해서 마냥 좋아만 해서도 안되고 실패하였다고해서 '에이~씨'하고 그냥 뒤돌아서도 안 된다.

반드시 무엇이 잘못되었는지 원인을 분석하고 다음에 또 비슷한 배치가 주어진다면 꼭 의도한대로 성공을 시키려고 해야만 한다. 그래야만 조금씩 발전해 나아갈 수 있는 것이다.

지금까지 3개의 계산법을 소개하였다. 무조건 시스템을 맹신하는 것이 아니라 자신이 느낌으로 예상하는 수구의 진행경로와 계산법에 의한 가이드 라인과 얼마나 일치하는지를 비교해 보아야 한다. 목적구 두 개가 모이기만 하면 느낌으로 짐작하는 것이 아니라 무조건 수구포인트를 찾는 사람들이 있다. 자신의 감각으로 예상하는 진행경로를 검산하는 정도로 활용하는 것이 바람직하다.

다양한 3쿠션

이제 다양한 3쿠션의 경로들을 실습해 보면서 독자들이 생각하는 처리방법과 필자의 답을 비교해 보기 바란다. 물론 독자들이 더 좋은 답을 가지고 있을 수도 있다. 그렇다면 주위의 여러 동호인들과 공유하기 바란다. 당구가 건전하게 성장해 나아가기 위해서는 좋은 것은 서로 공유해야 하기 때문이다. 필자가 교본을 쓰는 이유도 그런 이유이기 때문이다.

● 뒤 돌리기

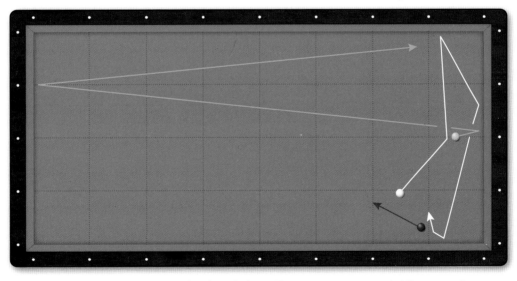

두 께: 1/2   당 점: 하단 1, 우 2.5 Tip   타 법: ●← 2 ─
속 도: A//AA   큐 기울기: 4

● 뒤 돌리기

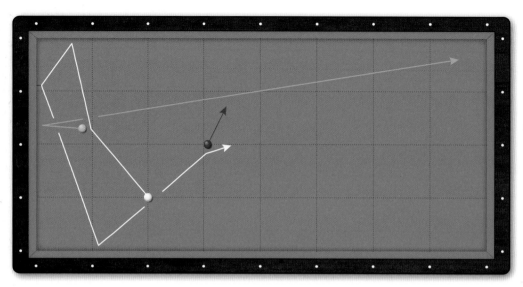

두 께: 1/3 　　　　 당 점: 상단 2, 좌 1 Tip 　　　　 타 법: ●←— 1 —
속 도: A 　　　　　 큐 기울기: 1

● 뒤 돌리기

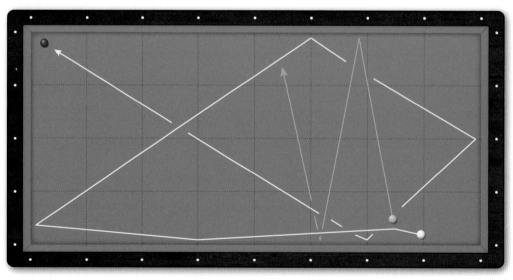

두 께: 1/5 　　　　 당 점: 하단 1, 우 2 Tip 　　　　 타 법: ←—
속 도: A/AA 　　　　 큐 기울기: 4

● 뒤 돌리기

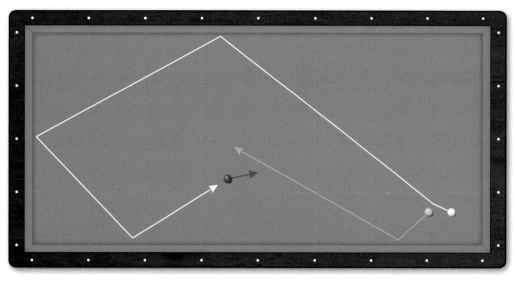

두 께: 1/3   당 점: 상단 2, 좌 1 Tip   타 법: ←
속 도: A   큐 기울기: 1

● 뒤 돌리기

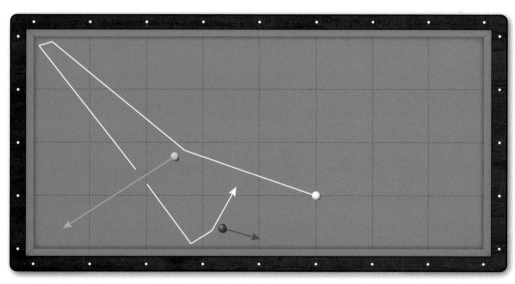

두 께: 1/5   당 점: 상단 1 Tip   타 법: ←
속 도: A   큐 기울기: 1

● 뒤 돌리기

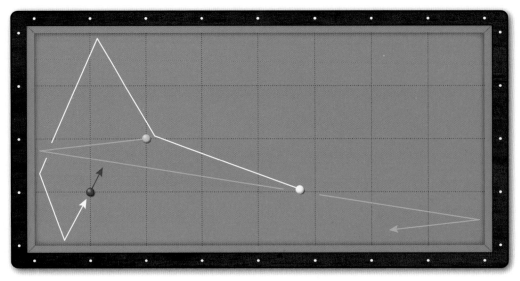

두 께: 1/2　　　　　　당 점: 상단 1, 우 1.5 Tip　　　　타 법: ←
속 도: A//AA　　　　큐 기울기: 1

● 옆 돌리기

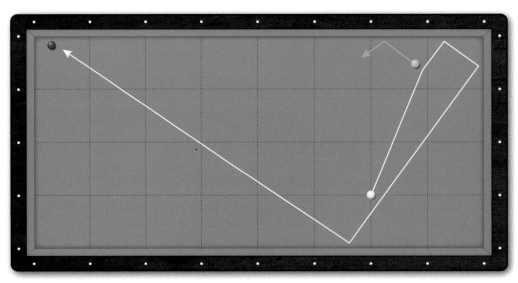

두 께: 1/50　　　　　당 점: 우 2.5 Tip　　　　　　타 법: ←
속 도: A　　　　　　큐 기울기: 1

● 옆 돌리기

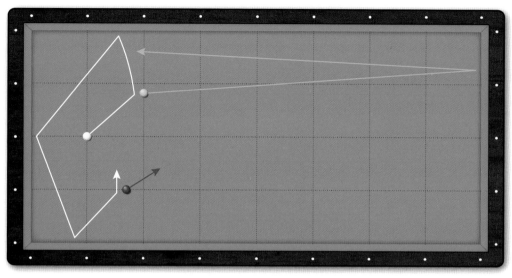

두 께: 1/3   당 점: 상단 1.5, 좌 2 Tip   타 법: ◀——
속 도: B   큐 기울기: 4

● 옆 돌리기

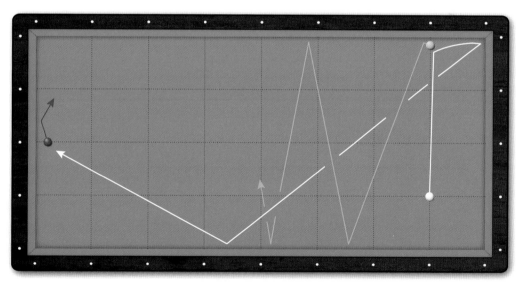

두 께: 3/4   당 점: 하단 2, 우 2 Tip   타 법: ●◀— 3 —
속 도: AA   큐 기울기: 4

● 옆 돌리기

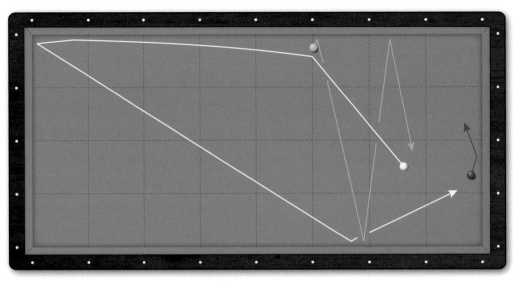

두 께 : 1/3　　　　당 점 : 하단 2, 좌 2 Tip　　　　타 법 : ●◀━ 2 ━
속 도 : A　　　　큐 기울기 : 4

● 옆 돌리기

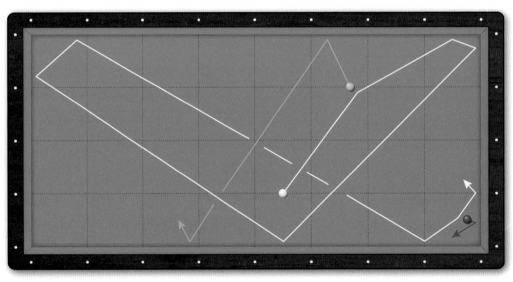

두 께 : 1/50　　　　당 점 : 우 2.5 Tip　　　　타 법 : ◀━━━
속 도 : AA　　　　큐 기울기 : 1

● 앞 돌리기

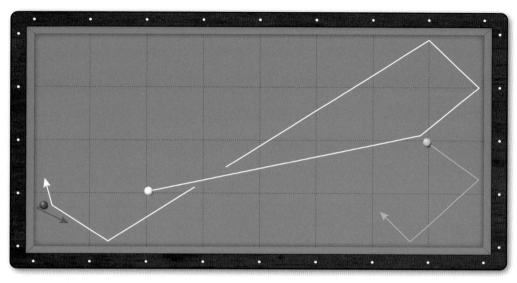

두 께: 1/5 당 점: 상단 0.5, 좌 1 Tip 타 법: ←——
속 도: A 큐 기울기: 1

● 앞 돌리기

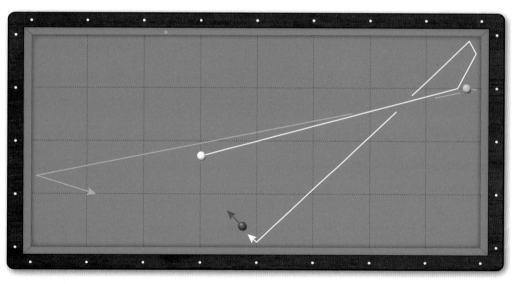

두 께: 1/2 당 점: 좌 2 Tip 타 법: ●←— 2 —
속 도: B 큐 기울기: 1

● 앞 돌리기

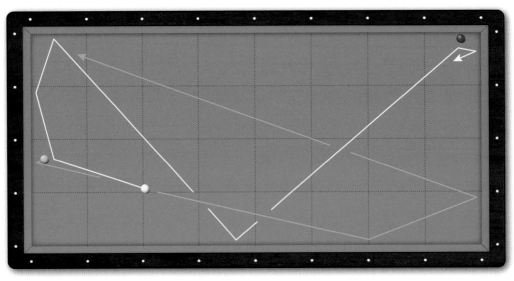

두 께: 1/3 당 점: 하단 1, 우 2 Tip 타 법: ●◄— 2 —
속 도: A 큐 기울기: 4

● 앞 돌리기

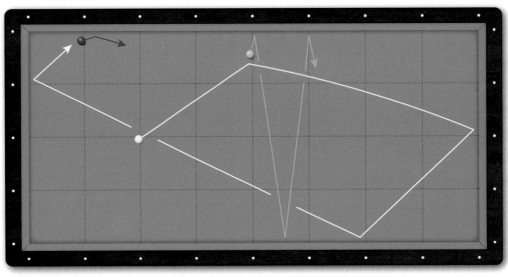

두 께: 1/4 당 점: 하단 2, 우 2 Tip 타 법: ◄—
속 도: A 큐 기울기: 4

● 앞 돌리기

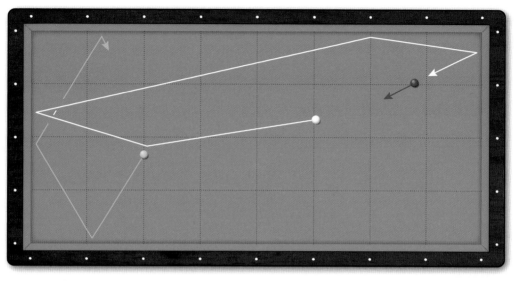

두 께: 1/4   당 점: 상단 1, 좌 0.5 Tip   타 법: ●◀━ 1 ━
속 도: B//A   큐 기울기: 1

● 앞 돌리기

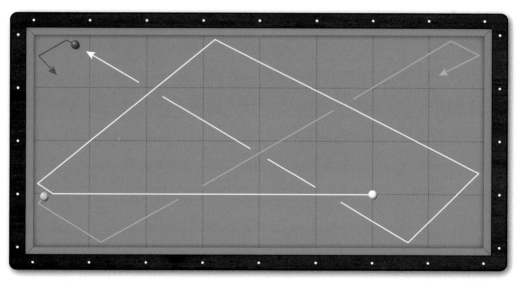

두 께: 1/5   당 점: 하단 1, 우 0.5 Tip   타 법: ●◀━ 3 ━
속 도: AA   큐 기울기: 4

● 비껴 뒤 돌리기

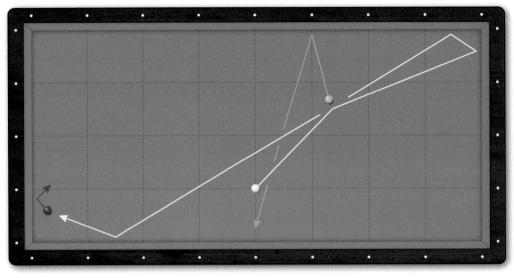

두 께: 1/5   당 점: 좌 2 Tip   타 법: ←
속 도: A   큐 기울기: 1

● 비껴 뒤 돌리기

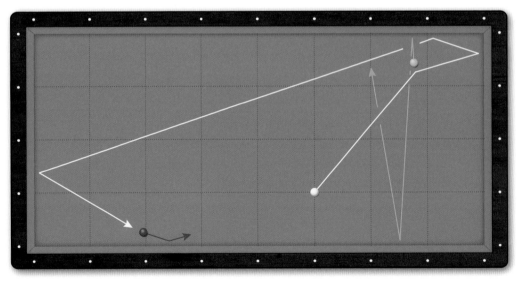

두 께: 1/4   당 점: 상단 1.5 Tip   타 법: ←
속 도: A   큐 기울기: 1

● 비껴 뒤 돌리기

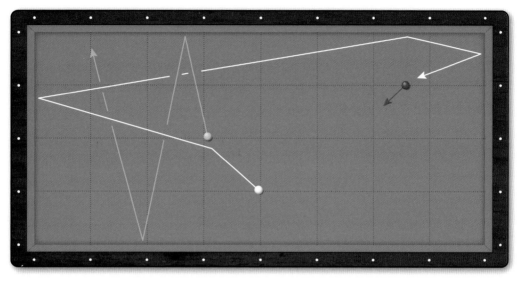

두 께 : 1/2   당 점 : 상단 1, 우 0.5 Tip   타 법 : ←
속 도 : A   큐 기울기 : 1

● 비껴 뒤 돌리기

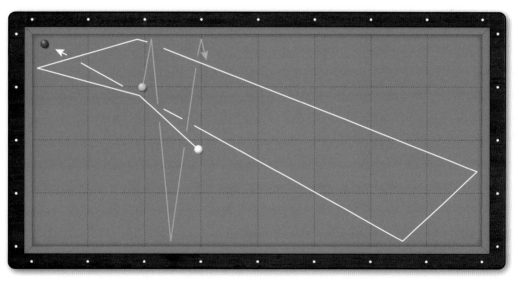

두 께 : 1/4   당 점 : 우 0.5 Tip   타 법 : ←
속 도 : AA   큐 기울기 : 1

● 비껴 뒤 돌리기

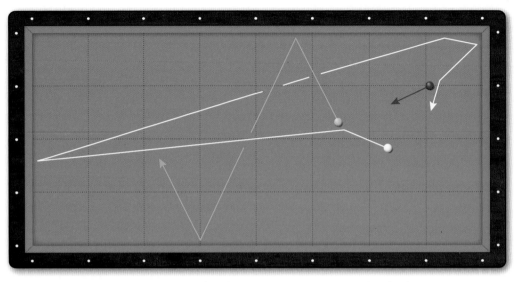

두 께: 1/3   당 점: 우 2 Tip   타 법: ←
속 도: A   큐 기울기: 1

● 비껴 뒤 돌리기

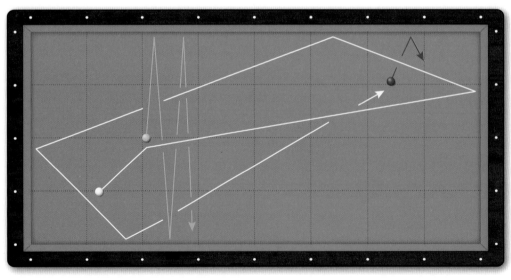

두 께: 1/3   당 점: 상단 1, 좌 1.5 Tip   타 법: ←
속 도: AA   큐 기울기: 1

● 비껴 앞 돌리기

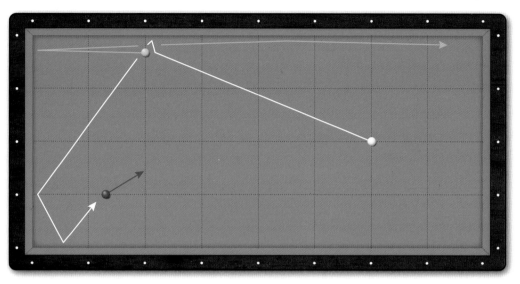

두 께: 1/2   당 점: 상단 1, 좌 0.5 Tip   타 법: ←
속 도: A   큐 기울기: 1

● 비껴 앞 돌리기

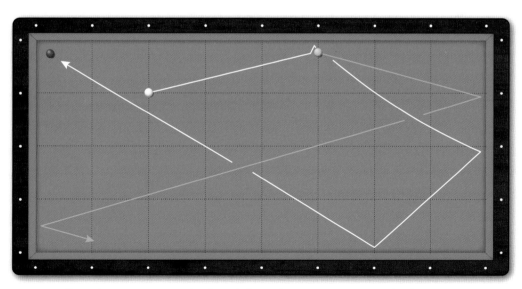

두 께: 1/3   당 점: 상단 1, 우 1.5 Tip   타 법: ●←2—
속 도: A//AA   큐 기울기: 1

● 비껴 앞 돌리기

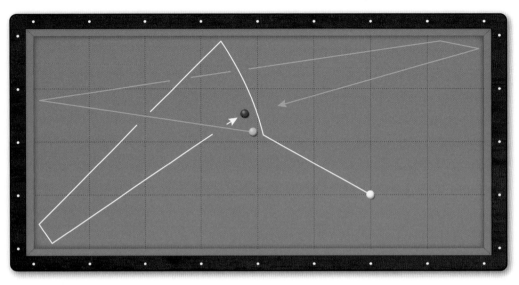

두 께: 1/2   당 점: 상단 1, 좌 1 Tip   타 법: ●←─2─
속 도: A//AA   큐 기울기: 1

● 비껴 앞 돌리기

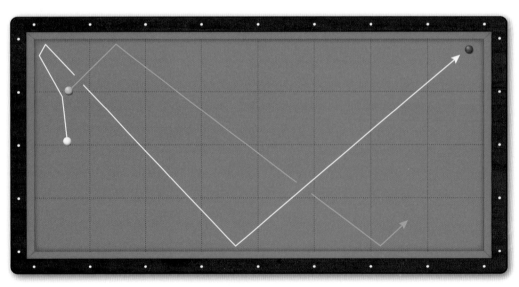

두 께: 1/5   당 점: 우 2 Tip   타 법: ←───
속 도: A   큐 기울기: 1

● 비껴 앞 돌리기

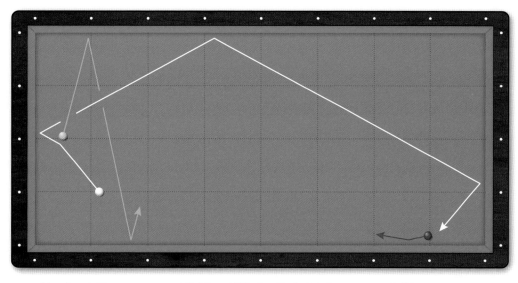

두 께: 1/5　　　　당 점: 상단 1, 우 1.5 Tip　　　타 법: ←
속 도: A　　　　 큐 기울기: 1

● 비껴 앞 돌리기

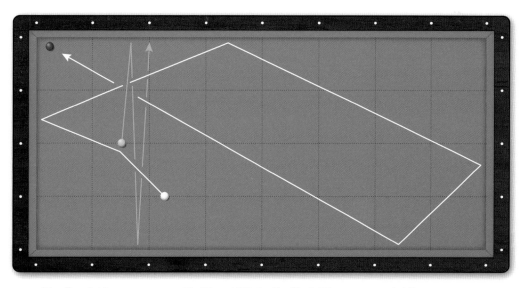

두 께: 1/4　　　　당 점: 상단 1.5, 우 1 Tip　　　타 법: ←
속 도: A//AA　　　큐 기울기: 1

● 더블 쿠션

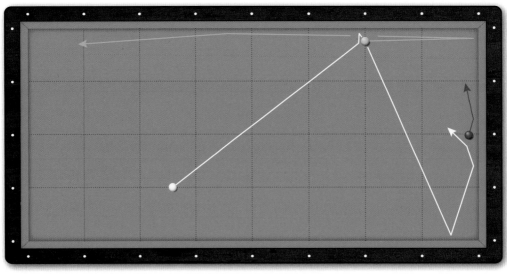

두 께: 1/4　　　　　　당 점: 상단 1.5 Tip　　　　　　타 법: ←
속 도: A　　　　　　　큐 기울기: 1

● 더블 쿠션

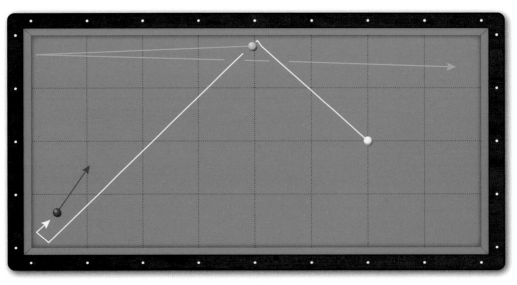

두 께: 1/5　　　　　　당 점: 좌 2 Tip　　　　　　타 법: ←
속 도: A　　　　　　　큐 기울기: 1

● 더블 쿠션

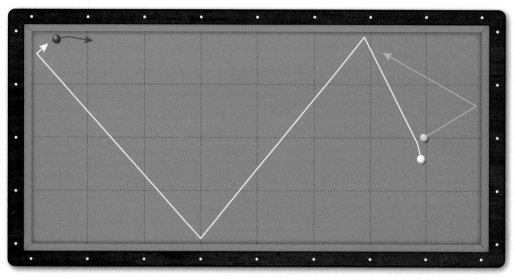

두 께 : 1/5　　　　　당 점 : 상단 1, 좌 0.5 Tip　　　타 법 : ←
속 도 : B　　　　　　큐 기울기 : 1

● 더블 쿠션

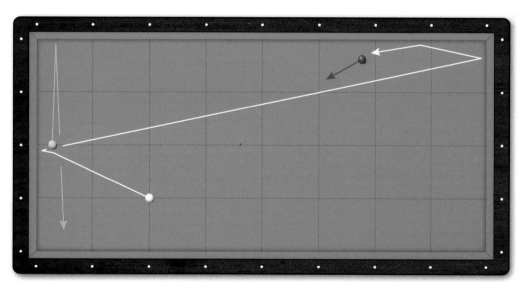

두 께 : 1/5　　　　　당 점 : 상단 1.5, 우 1 Tip　　　타 법 : ←
속 도 : B　　　　　　큐 기울기 : 1

● 더블 쿠션

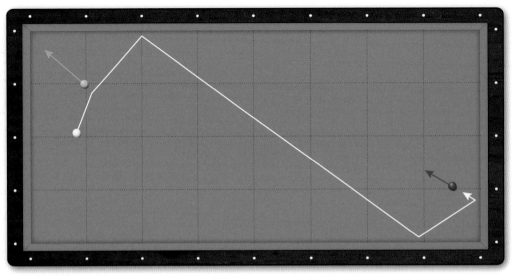

두 께: 1/5 　　　 당 점: 상단 1, 우 1 Tip 　　　 타 법: ←

속 도: B 　　　 큐 기울기: 1

● 더블 쿠션

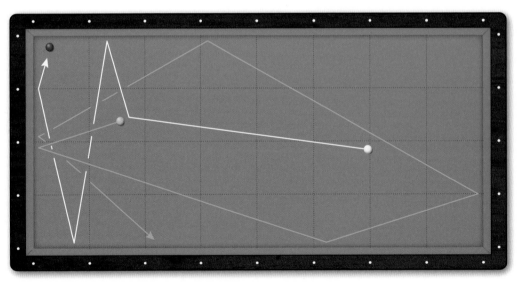

두 께: 1/2 　　　 당 점: 하단 0.5, 우 0.5 Tip 　　　 타 법: ←

속 도: AA//AAA 　　　 큐 기울기: 4

● 더블 쿠션

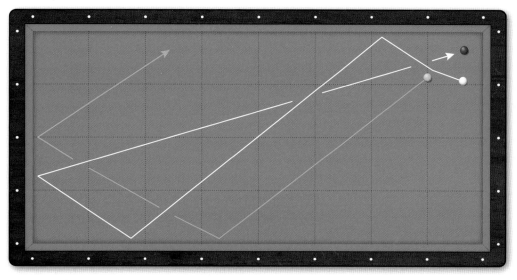

두 께: 1/5   당 점: 상단 1, 좌 1 Tip   타 법: ←
속 도: AA   큐 기울기: 1

● 더블 쿠션

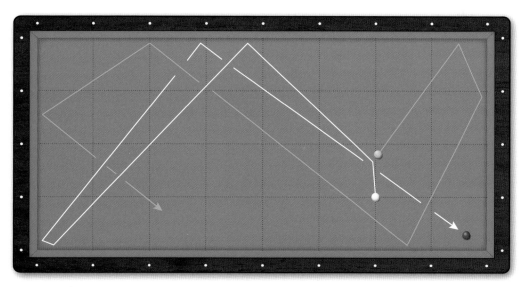

두 께: 1/2   당 점: 우 2.5 Tip   타 법: ←
속 도: AAA   큐 기울기: 1

● 더블 레일

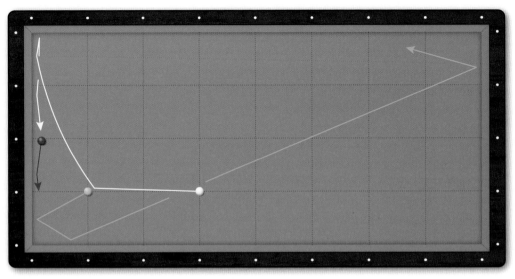

두 께 : 1/3   당 점 : 하단 2, 좌 2 Tip   타 법 : ←

속 도 : A   큐 기울기 : 4

● 더블 레일

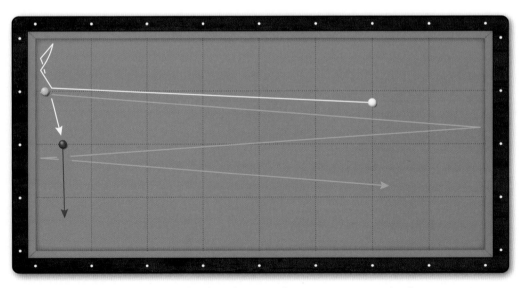

두 께 : 2/3   당 점 : 상 1.5, 좌 1.5 Tip   타 법 : ●←3—

속 도 : AA   큐 기울기 : 1

● 더블 레일

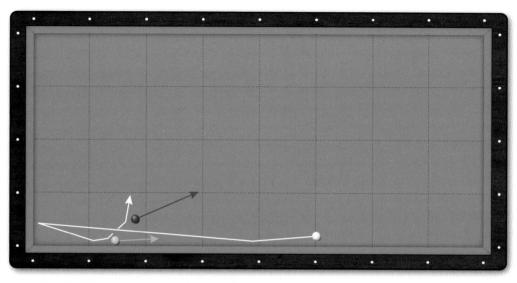

두 께: 뱅크샷   당 점: 좌 2.5 Tip   타 법: ←
속 도: B   큐 기울기: 1

● 더블 레일

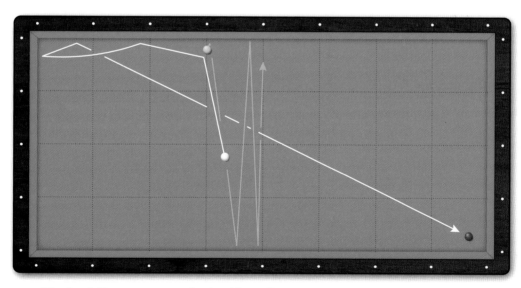

두 께: 2/3   당 점: 상 2, 우 1.5 Tip   타 법: ●←—3—
속 도: AA//AAA   큐 기울기: 1

● 1쿠션 걸어치기

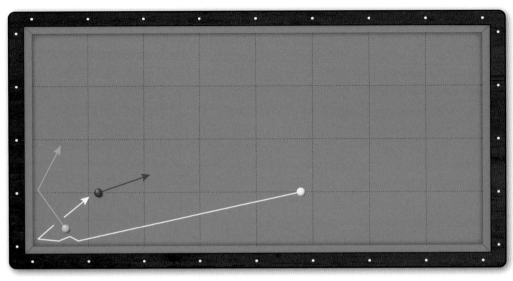

두 께: 뱅크샷   당 점: 우 2 Tip   타 법: ←
속 도: B   큐 기울기: 1

● 1쿠션 걸어치기

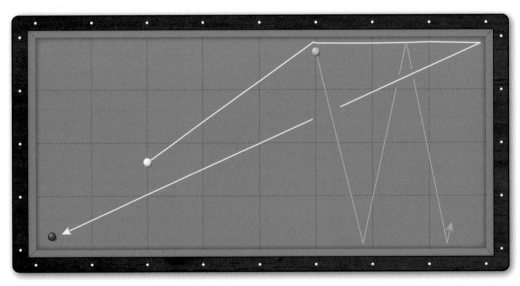

두 께: 뱅크샷   당 점: 상단 2 Tip   타 법: ←
속 도: A//AA   큐 기울기: 1

● 1쿠션 걸어치기

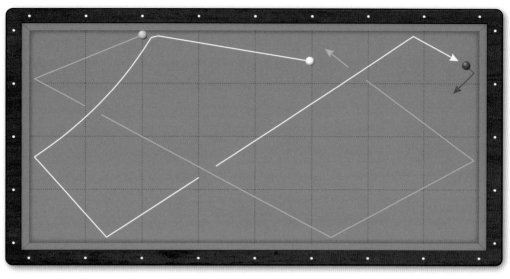

두 께 : 뱅크샷   당 점 : 상단 1.5 Tip   타 법 : ←
속 도 : A//AA   큐 기울기 : 1

● 1쿠션 걸어치기

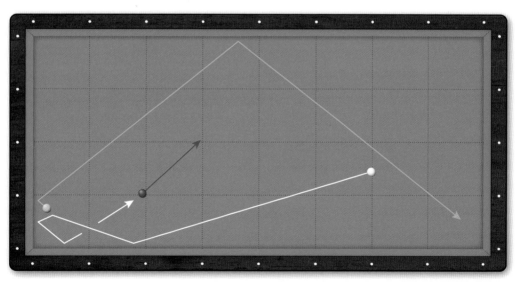

두 께 : 뱅크샷   당 점 : 좌 2 Tip   타 법 : ←
속 도 : B   큐 기울기 : 1

● 2쿠션 걸어치기

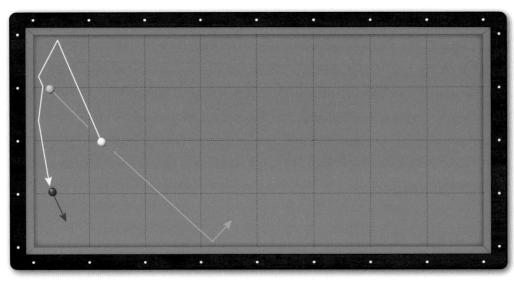

두 께 : 뱅크샷　　　　　당 점 : 상단 1.5 Tip　　　　　타 법 : ←———
속 도 : B　　　　　　　큐 기울기 : 1

● 2쿠션 걸어치기

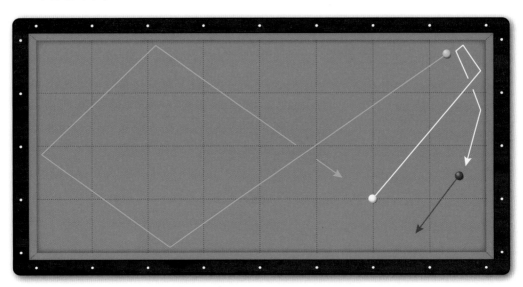

두 께 : 뱅크샷　　　　　당 점 : 상단 1, 좌 2 Tip　　　　타 법 : ●←—2—
속 도 : A　　　　　　　큐 기울기 : 1

● 2쿠션 걸어치기

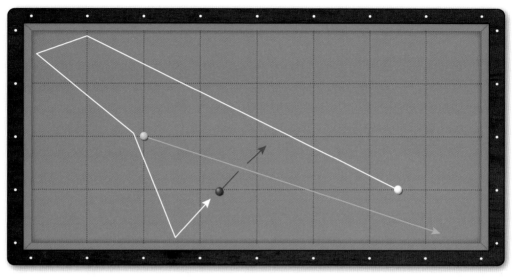

두 께 : 뱅크샷   당 점 : 좌 2 Tip   타 법 : ←
속 도 : A   큐 기울기 : 1

● 2쿠션 걸어치기

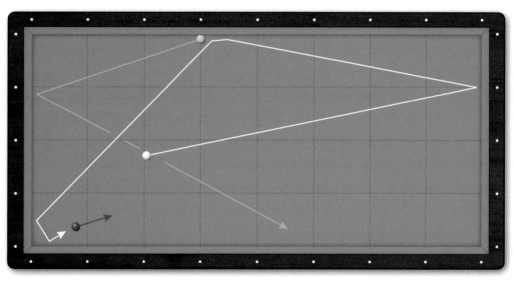

두 께 : 뱅크샷   당 점 : 상단 1.5 Tip   타 법 : ←
속 도 : A   큐 기울기 : 1

● 키스 샷

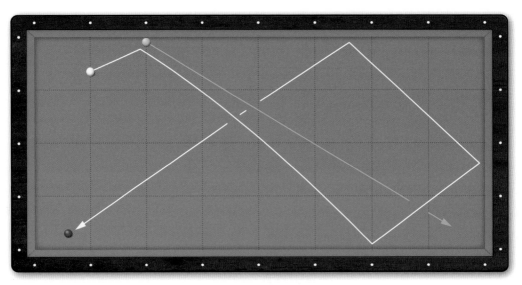

두 께: 1/3   당 점: 하단 1, 좌 2 Tip   타 법: ●◄━ 2 ━
속 도: A//AA   큐 기울기: 4

● 키스 샷

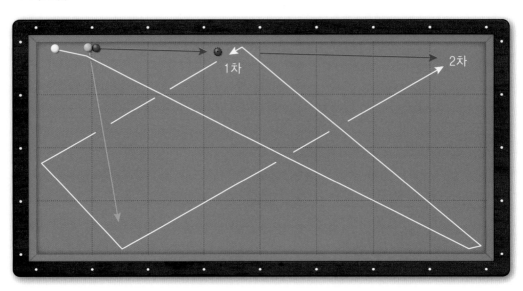

두 께: 1/10   당 점: 좌 2 Tip   타 법: ◄━━
속 도: AA   큐 기울기: 1

● 키스 샷

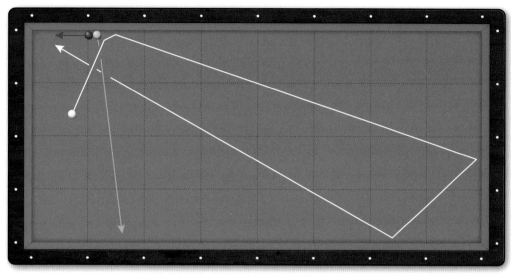

두 께: 1/3   당 점: 우 2 Tip   타 법: ←
속 도: A   큐 기울기: 1

● 키스 샷

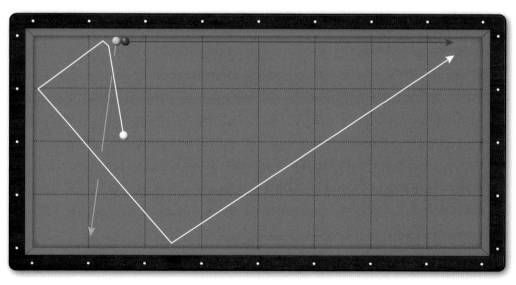

두 께: 1/4   당 점: 좌 2 Tip   타 법: ←
속 도: A/AA   큐 기울기: 1

선수들과 경기를 할 때에 동호인들은 반드시 지켜야 할 것들을 지키지 못한다. 여러 가지 지켜야 할 예의(Manner)가 있지만 그 중에서 매 이닝마다 아쉬워하는 모습을 보이는 사람들처럼 꼴불견이 없다. 득점에 실패하면 "두꺼웠네, 얇았네!", "너무 밀었네, 너무 끌었네!" 해 가면서 무척이나 실패한 것을 아쉬워한다. 또 득점을 하고도 포지션이 안되었다고 한숨을 쉬고 안타까워하는 모습들을 보면 정말 어처구니가 없다. 자기보다 한참 고수인 사람을 앞에 두고서 실패한 것을 아쉬워한다는 것처럼 건방진 행동은 없을 것이다.

선수들은 득점에 실패하거나 의도한대로 구사가 되지 않았을 경우에 조용히 자신의 자리로 돌아오면서 원인을 찾는다. 그리고 내가 무엇이 부족한지를 파악하고 반성을 한다. 그런데 동호인들은 아쉬워만 한다. 그 실패한 배치를 얼마나 연습해 보았는가? 선수들 보다 더 많이 했을까? 몇 번 성공해본 적이 있다고 번데기 앞에서 주름잡는 것과 다를 것이 없는 것이다.

꼭 선수들과의 경기가 아니어도 자신보다 고수와의 경기에서 아쉬워할 수는 있다. 하지만 티를 내서는 안 된다. 그 배치를 엄청나게 많이 연습을 한 선수도 실수를 하고 실패를 한다. 그러나 아쉬워하는 것이 아니라 반성을 한다.

아쉬워하는 것은 '자만'이고 반성을 하는 것은 '겸손'이라는 것을 꼭 기억해야 한다. 한 가지 더 조언을 한다면 '실수'라는 단어를 함부로 쓰지 말았으면 하는 바람이다. 실수라는 것은 잘하다가 어쩌다 한 번 못하는 것이다. 똑같은 배치를 놓고 10번을 시도하는데 10번 중에 5~6번 정도 성공하는 배치를 실전에서 실패했다고 그것을 '실수'라고 생각한다면 그렇게 생각하는 사람 역시 자만하고 있는 것이다. 10번 중에 1번 정도 못 맞혔다면 그런 것이 실수 아니겠는가!

실력이 제자리에서 늘지 않는 사람들은 반드시 원인이 있다. 나의 문제는 무엇인지를 생각하는 시간을 갖길 바란다.

에필로그

어떤 운동이든지 연습을 하지 않으면 내것이 될 수 없다. 오랜 시간에 걸쳐 필자가 배우고 연구하고 실전경험을 통하여 체험한 내용들을 책에 수록해 놓았다. 눈으로만 보고 넘어가는 사람에게는 동네 당구장에서 고수가 떠드는 소리 정도밖에 안 될것이지만 책의 도면을 보고 공을 똑같이 배치하고 연습을 하는 사람은 몇 개월 뒤 또는 몇 년 뒤에 엄청난 고수가 되어있을 것임을 자부한다. 다시 말하지만 눈으로 보기만 하는 사람은 눈만 높아진다. 실제로 연습을 통하여 필자의 기술을 독자들 것으로 만들기 바란다. 그리고 실전에서 발전된 보습을 보여주기 바란다.

당구가 건전한 발전이 있기를 기원하는 모든 사람들에게 조그마한 도움이 되기를 바라는 마음으로 글을 마친다.

당구계의 발전을 위해 노력하시고 많은
가르침을 주셨던 故 이상천 선배님과 불의의
사고로 운명을 달리한 후배 故 김경률 선수의
명복을 빕니다.